Thomas Regnery

DIE TIERKREIS-STERNBILDER

Ursprung, Geschichte, Sichtbarkeit

Impressum

Thomas Regnery

Die Tierkreissternbilder – Ursprung, Geschichte, Sichtbarkeit

1. Auflage 2022

Regionalia Verlag,
ein Imprint der Kraterleuchten GmbH,
Gartenstraße 3, 54550 Daun

Verlagsleitung: Sven Nieder

Illustrationen: © Laura Kirwel
Lektorat + Korrektorat: Tim Becker
Gestaltung, Satz: Kerstin Fiebig
Umschlag: Björn Pollmeyer

Hergestellt in der Europäischen Union, Finidr, CZ

FSC www.fsc.org MIX Papier aus verantwortungsvollen Quellen FSC® C014138

ISBN 978-3-95540-386-7
www.regionalia-verlag.de

Thomas Regnery

DIE TIERKREIS-STERNBILDER

Ursprung, Geschichte, Sichtbarkeit

REGIONALIA
VERLAG

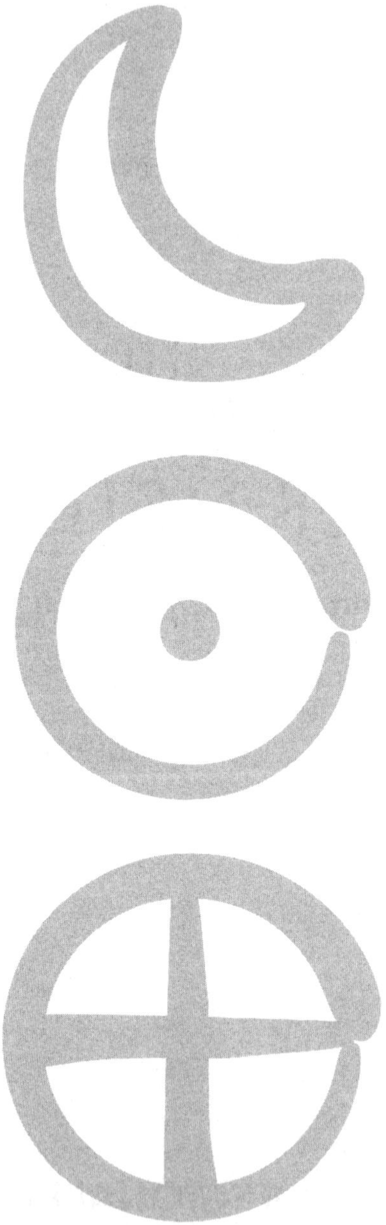

INHALT

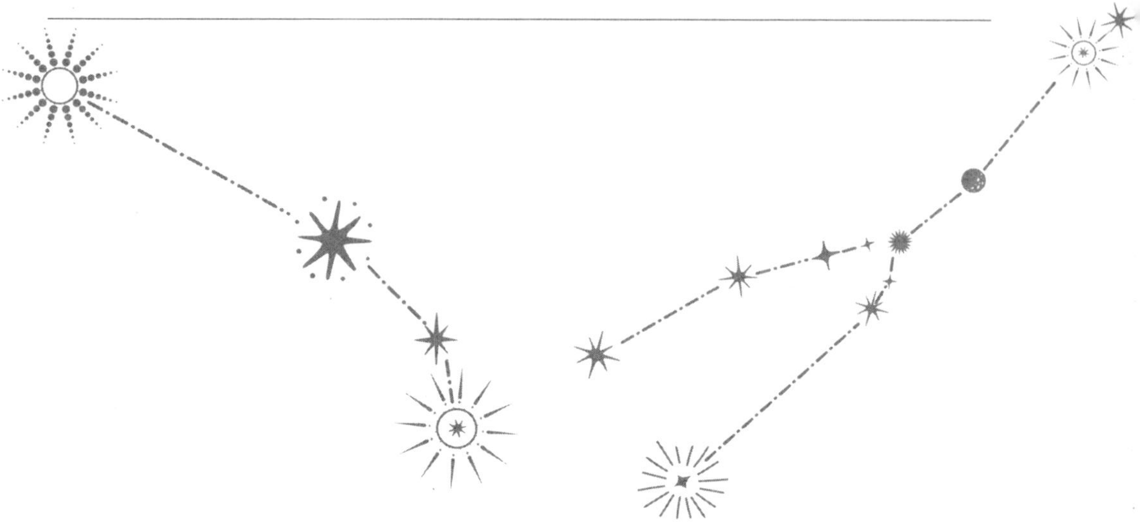

Die Sternbilder

Die Sternbilder wurden von Menschen geschaffen. Anders als die Sterne. Die waren vorher schon da. So zufällig wie vom Wind über das Land gewehte Samen verteilten sie sich damals wie heute über den Himmel. Mit bloßem Auge können wir tausende Sterne an unserem Nachthimmel funkeln sehen. Die einen erscheinen uns heller als die anderen. Das liegt teils daran, dass manche Sterne uns näher stehen, und teils daran, dass einige wirklich heller leuchten als andere.

Die Sternbilder dagegen entsprangen der Phantasie unserer antiken Vorfahren im Zweistromland, in Kleinasien, Griechenland und Arabien. Doch aus welchem Grund? Aus Müßiggang? Um der Kunst willen? Nein. Die Ordnung, die unsere Vorfahren mittels ihrer Illustrationen in den Wirrwarr des gestirnten Himmels brachten, war überlebenswichtig.

Wir wissen nicht, wann genau die Menschen begannen, Figuren in den Mustern zu erkennen, die die Sterne am Himmel formen, doch sie erkannten früh, dass sich der

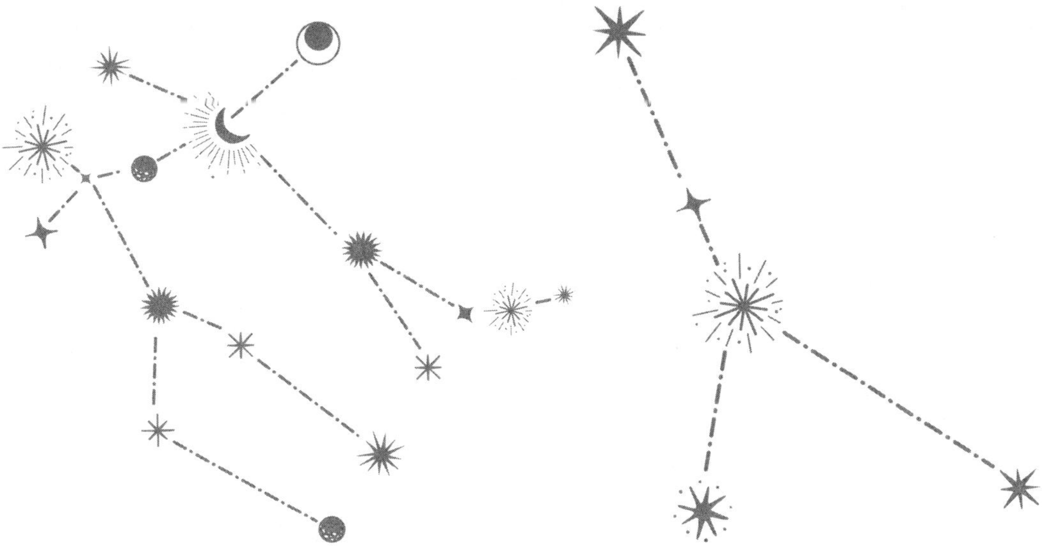

Anblick des Himmels mit dem Tageslauf und den Jahreszeiten im Einklang befand. Sie erkundeten die Regelmäßigkeiten und machten sie sich zunutze. Steht die zunehmende Mondsichel im Frühjahr bei dieser kleinen, aber auffälligen Sternengruppe im Westen, ist es Zeit, die Saat auszubringen. Taucht dieselbe Sternengruppe im Herbst abends zusammen mit dem Vollmond im Osten auf, markiert dies den Zeitpunkt der Ernte. Spätestens mit Beginn der Sesshaftigkeit und der Einführung des Ackerbaus war es unabdingbar, die Positionen der Sterne zu kennen und richtig zu deuten.

Der Besatzung eines Handelsschiffes, das Messer aus Obsidian von Thessalien nach Kreta brachte, blieb auf offener See nur der Sternenhimmel für eine verlässliche Navigation. Zur Verständigung mit der Besatzung oder anderen Seefahrern wurde es nötig, eine klare, kommunizierbare Ordnung am Himmel zu schaffen. Die einzelnen Sterne und Konstellationen brauchten Bezeichnungen, die eine Konvention beinhalteten, die allen Beteiligten bekannt war. Und so – wahrscheinlich würden wir es heute nicht anders machen – wählte man Figuren aus der zeitgenössischen Kultur, um besonders

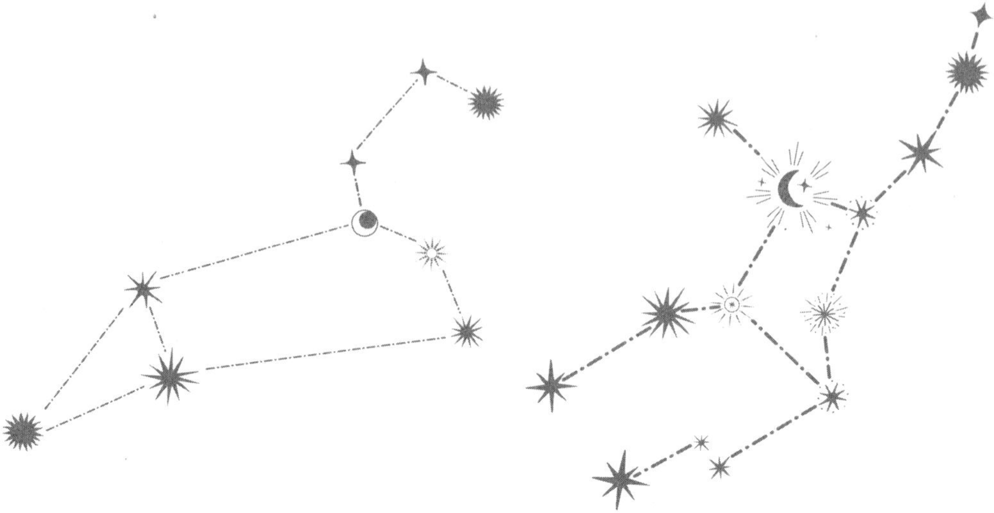

markante Sternengruppen zu Bildern zusammenzufassen. Während wir heute womöglich Sternbilder namens „Bilbo, den Hobbit", „Luke, den Jediritter" oder „Elvis, den Sänger" einführen würden, so waren es in der Antike „Orion, der Jäger", „Cheiron, der Zentaur", „Andromeda, die Prinzessin", „Kastor und Polydeukes, die Zwillinge", „Chrysomallos, der Widder" und viele andere Protagonisten ihrer Zeit, die von ihren „Fans" am Himmel verewigt wurden. Auch die Sterne selbst erhielten Namen. So konnte ein jeder von ihnen konkret angesprochen werden, und jeder Navigator wusste, auf welchen Lichtpunkt am Himmel das Schiff auszurichten war.

Schon die Babylonier – und sicher nicht erst die – wussten, dass es neben Sonne und Mond noch bestimmte Sterne gab, die sich nicht in die Sternbilder einordnen ließen, weil sie am Himmel entlang wanderten und dabei im Laufe eines Jahres die Sternbilder durchquerten. Die Griechen nannten sie Planeten, nach ihrem Wort für Wanderer. Wir können das heute immer noch nachempfinden. Wenn Sie den Mond heute am Himmel betrachten und einen Tag später erneut, werden Sie feststellen, dass er nicht mehr in der Nähe derselben Sterne steht wie noch am Vorabend. Er ist ein Stück weitergewandert. Auch die Sonne vollführt eine solche Bewegung, doch ist sie zu hell, als

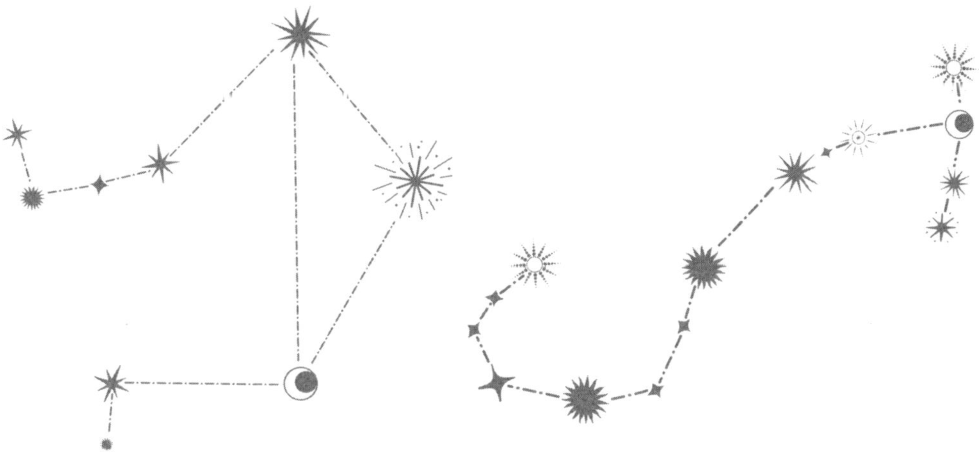

dass wir die Sterne in ihrer Umgebung wahrnehmen könnten. Doch wir merken es daran, dass jeden Morgen zu Sonnenaufgang der Sternenhimmel ein Stück weit „versetzt" ist. Dieser Effekt hat eine simple Ursache: Die Erde kreist um die Sonne und der Mond um die Erde, und dies führt zu den entsprechenden Positionsveränderungen vor dem ruhigen Hintergrund der Sterne. Nun wissen wir, dass außer der Erde noch andere Körper um die Sonne kreisen. Fünf von ihnen können wir, da sie von der Sonne angeleuchtet werden, mit bloßem Auge sehr leicht als Sternpunkte sehen: Merkur, Venus, Mars, Jupiter und Saturn. Genau so sahen es auch unsere Vorfahren in der Frühgeschichte, nur dass sie nicht den Wissenshintergrund hatten, der uns heute zur Verfügung steht. Für sie waren alle sieben Objekte Wanderer, sprich, Planeten. Heute verwenden wir diesen Ausdruck nur noch für die Körper, die die Sonne direkt umkreisen.

Aufgrund der Tatsache, dass diese sieben Gestirne immer nahezu den gleichen Weg vor den Sternen vorbei nahmen, kam den Sternbildern entlang dieser Ebene eine besondere Bedeutung zu. Das waren dreizehn Sternbilder: Widder, Stier, Zwillinge, Krebs, Löwe, Mädchen (heute Jungfrau), Waage, Skorpion, Schlangenträger, Schütze, Ziegenfisch (heute Steinbock), Wasserträger (heute Wassermann) und Fische. Insgesamt

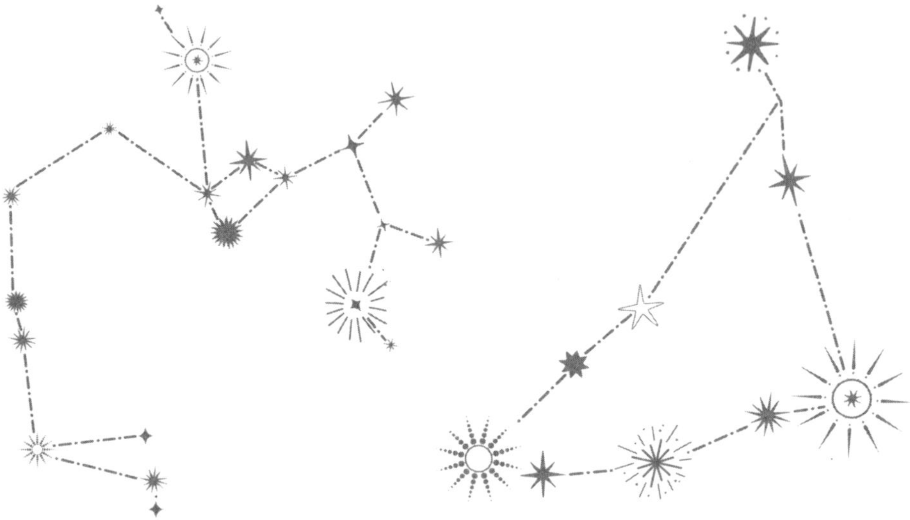

wurden in der Antike 48 Sternbilder etabliert. Claudius Ptolemäus hatte sie seinerzeit in seinem Buch, dem Almagest, zusammengestellt. Die „freien Stellen“ am Himmel, wurden erst im Lauf der folgenden Jahrtausende gefüllt, wie zum Beispiel durch Petrus Plancius und Johannes Hevelius im 17. Jahrhundert. So gibt es heute 88 international festgelegte Sternbilder am gesamten Firmament, nördlicher und südlicher Sternenhimmel zusammengenommen.

Die Planeten, die Wanderer, so schlossen die frühzeitlichen Himmelsbeobachter, mussten ihrerseits Anzeiger für bestimmte Ereignisse sein. Und so entstand die Idee, dass die Planeten die Sterne der Götter selbst seien, die den Menschen durch ihre jeweiligen Positionen Hinweise gaben, die es zu entschlüsseln galt. Verbunden damit kam die Vorstellung auf, dass die Götter einem neugeborenen Menschen bestimmte Charakterzüge übergeben würden, abhängig davon, in welchen Sternbildern die einzelnen Planeten zum Zeitpunkt der Geburt standen.

Auf diese Weise entwickelte sich eine Lehre, in der die heutigen Disziplinen Astronomie und Astrologie Hand in Hand gingen: Auf der einen Seite die Astronomie als Ver-

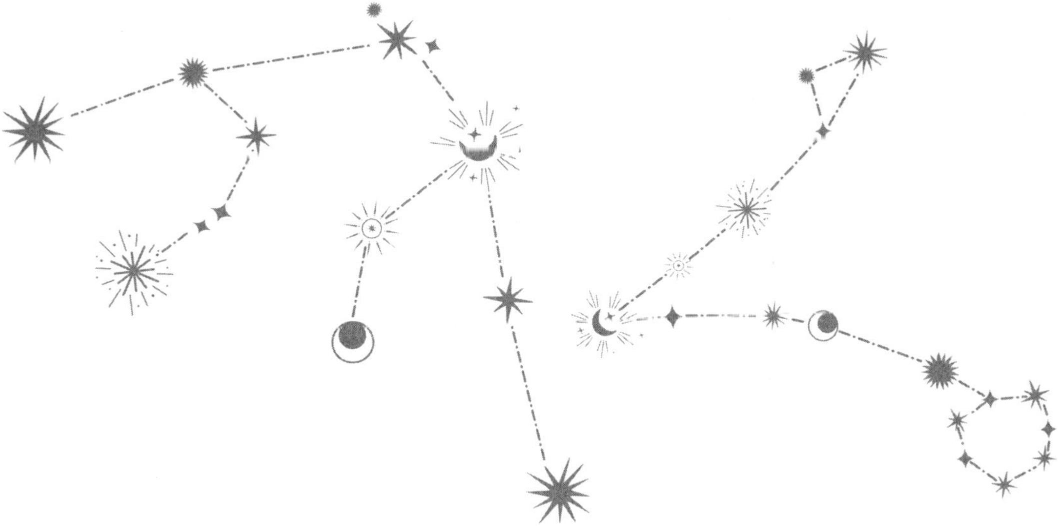

messung und Kartierung der Sterne sowie als Grundlage zur Zeitrechnung, und auf der anderen Seite die Astrologie in Form von Aufzeichnungen und Untersuchungen zu miteinander korrelierenden Ereignissen und Planetenstellungen mit dem Ziel, aus den vorausberechenbaren Sternkonstellationen letztlich zukünftige Ereignisse vorhersagen zu können. Damit wurde die frühe Sternkunde zu einem bedeutenden Tätigkeitsfeld, das für Herrscher und Feldherren von höchstem Interesse war. Die Sternbilder bleiben über Jahrtausende nahezu unverändert. Zwar bewegen sich die Sterne durchaus zueinander, doch geschieht das so langsam, dass wir es ohne Messgeräte nicht bemerken. Die Sterne mitsamt den Bildern, die sie formen, scheinen am Himmel befestigt, fixiert zu sein. Daher erhielten sie die Bezeichnung Fixsterne.

Unsere Sonne wandert, als Widerspiegelung des Umlaufs der Erde um sie, im Laufe eines jeden Jahres immer auf demselben Großkreis über die scheinbare Himmelskugel. Dabei durchwandert sie nacheinander auch stets dieselben Sternbilder. Diese Folge von Sternbildern wird „Tierkreis“ genannt, oder auch „Zodiak“. Unsere Vorfahren haben dem Tierkreis eine besondere Bedeutung zugeschrieben, da sowohl die Sonne als auch der Mond und die Planeten ihn durchwandern.

DER TIERKREIS

Wie setzt sich nun der Tierkreis genau zusammen? Dazu gibt es zwei Betrachtungsweisen, nämlich die astronomische und die astrologische. Diese beiden Wörter unterscheiden sich nur durch zwei Buchstaben, doch der Unterschied ist gravierend. Daher sollten wir beide Begriffe kurz klären: Die Astronomie wird auch Sternkunde genannt. Sie ist eine Naturwissenschaft. Als solche befasst sie sich mit der Erforschung von Entstehung, Entwicklung und Aufbau des Weltalls, den in ihm waltenden Kräften und den enthaltenen Himmelskörpern mitsamt ihren Wechselwirkungen.

Die Astrologie ist die Kunst der Sterndeutung. Sie versucht, aus der Stellung der Gestirne den Charakter eines Menschen sowie seine Geschicke vorherzusagen. Sie ist populärer als die Astronomie und wird im Bereich der Unterhaltung sowie der Lebenshilfe eingesetzt. Es gibt weltweit mehrere astrologische Lehren. In diesem Buch ist stets von der westlichen Astrologie die Rede.

Beide Disziplinen pflegen eine eigene Betrachtungsweise der Tierkreissternbilder: Die Astronomie orientiert sich an den sichtbaren Sternen. Diese teilt sie in 88 unterschiedlich große Sternbilder ein, von denen 13 innerhalb eines Jahres von der Sonne durch-

laufen werden. Dabei beschreibt die Sonne einen Großkreis an der scheinbaren Himmelskugel. Dies ist gleichzeitig die Linie, auf der Sonnen- und Mondfinsternisse, sogenannte Eklipsen, auftreten. Dieser Kreis heißt daher Ekliptik. Gut die Hälfte aller Sternbilder, die von der Sonne durchwandert werden, ist nach Tiergestalten benannt. Daher wird diese Zone um die Ekliptik, in der neben der Sonne auch der Mond und die Planeten ihre Bahnen ziehen, als Tierkreis bzw. Zodiak bezeichnet. Ebenso bezeichnet das Wort die Gesamtheit aller Tierkreissternbilder.

Die Astrologie geht einen anderen Weg: Sie teilt die Ekliptik, den Großkreis, der den Weg der Sonne markiert, in zwölf gleich große Teile ein und benennt sie nach den Sternbildern. Dabei entspricht die Reihenfolge jener der astronomischen Sternbilder, doch die Positionen am Himmel fallen nicht mit diesen zusammen. Daher spricht man in der Astrologie nicht von Tierkreissternbildern, sondern von Tierkreiszeichen. Die Zeiten, zu denen die Sternzeichen von der Sonne durchwandert werden, sind somit nicht identisch mit den Zeiten, zu denen die Sonne die astronomischen Sternbilder durchläuft.

Nun gibt es nicht nur den einen astrologischen Zodiak, selbst in unserer westlichen Kultur nicht. So existiert zum Beispiel der Christliche oder Apostolische Zodiak, in welchem die zwölf Sternzeichen den zwölf Aposteln entsprechen. So steht der Widder für den Apostel Simon, der Stier für Thaddäus und die Zwillinge für Matthäus. Sie bilden die Frühlingsgruppe. Zur Sommergruppe gehören Philippus (Krebs), Jakobus der Ältere (Löwe) und Thomas (Jungfrau). Johannes, Judas und Petrus bilden die Herbstgruppe und entsprechen den Sternbildern Waage, Skorpion und Schütze. Die übrigen Apostel Andreas, Jakobus der Jüngere und Bartholomäus gehören in die Wintergruppe. Sie stehen für die Sternbilder Steinbock, Wassermann und Fische.

Den astrologischen Tierkreisen gemeinsam ist die Tatsache, dass sie die sogenannte Präzession der Erde nicht berücksichtigen. Was ist das? Nun, betrachten Sie einmal einen Kreisel. Sie haben ihn in Rotation versetzt und nun dreht er sich wie wild auf der Tischplatte vor Ihnen. Sie haben ihn zudem so sauber angeworfen, dass er nicht quer über die Tischplatte saust und über die Kante schießt, sondern fein säuberlich auf dem Punkt stehen bleibt. Ich weiß, das gelingt so gut wie nie, doch nehmen wir es einmal an. So können wir nämlich besser erkennen, wie sich unser Kreisel als Drehkörper verhält. Ich wette, Sie sehen es vor Ihrem geistigen Auge: Der Kreisel dreht sich nicht nur um sich selbst, sondern vollführt in Schräglage eine zusätzliche, langsamere Drehbewegung. Man könnte sagen, er torkelt. Dies tut er, weil er eigentlich umfallen möchte, doch die quer wirkende Kippbewegung wird in eine seitlich ausweichende Bewegung umgewandelt, und so kann er nicht fallen, eben weil er sich dreht. Das ist ein physikalisches Gesetz. Diesem gehorcht auch die sich drehende Erde, die sich genauso verhält wie ein Kreisel. Die Kraft, die sie zum Kippen bringen will, ist die Schwerkraft der Sonne, des Mondes sowie der großen Planeten. Die Erde weicht dieser Kraftwirkung seitlich aus, und so torkelt sie wie ein Kreisel. Eine volle Torkelbewegung dauert bei ihr ungefähr 26.000 Jahre, und das hat zur Folge, dass sich ihre Ausrichtung zu den Sternen permanent verändert. Und das führt dazu, dass sich die astrologischen Tierkreise gegenüber den astronomischen Sternbildern mehr und mehr verschieben.

Die Astronomie berücksichtigt diesen Effekt und gleicht ihre Sternkarten permanent daran an. Die Astrologie dagegen kommt ohne diese aufwändige Korrekturrechnung aus. Sie argumentiert, dass die Position der Sterne für ihre Arbeit nicht relevant ist. Es komme nur auf die Stellung von Sonne, Mond und Planeten relativ zur Erde an, und die ist von der Präzession nicht betroffen.

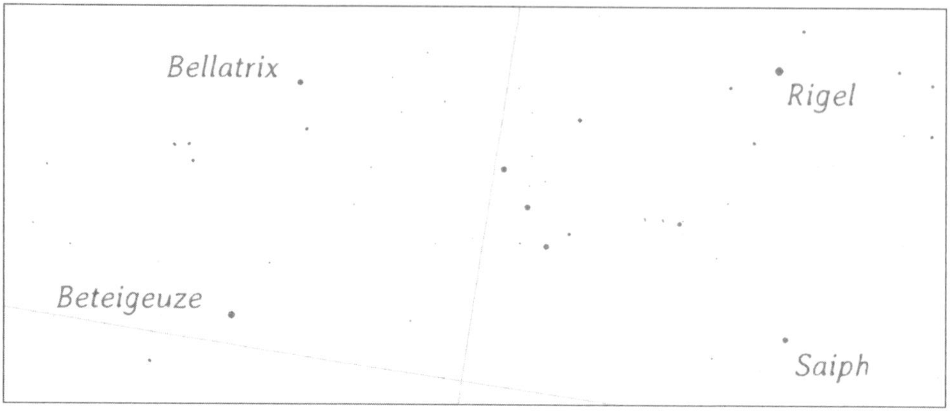

DIE NAMEN DER STERNE

Wenn jemand sagt, es gibt Sterne wie Sand am Meer, dürfen Sie das ruhig wörtlich nehmen. Der Begriff „Astronomische Zahlen“ kommt nicht von ungefähr. Doch ich werde Ihnen nun keine dieser riesigen Zahlen aufschreiben, die sich ohnehin kein Mensch vorstellen kann. Stattdessen biete ich Ihnen eine Vergleichsbetrachtung an: Es gibt im beobachtbaren Universum in etwa so viele Sterne, wie es Sandkörner an allen Stränden der Erde gibt. Was wir auf der Erde in klaren Nächten mit bloßem Auge am Himmel sehen können, ist jedoch nur ein winziger Bruchteil dieser Zahl: Ungefähr 6.000 verteilt über Nord- und Südhimmel. Unsere Vorfahren hatten begonnen, ihnen klangvolle Namen zu geben. Astronomen aller Epochen haben ihnen zusätzlich Katalogbezeichnungen zugewiesen.

Wirkliche Eigennamen wie „Regulus“, „Mizar“, „Beteigeuze“ oder „Aldebaran“ tragen nur die hellsten Sterne. Um sie alle zu benennen, gibt es zu viele. Deshalb zählt man sie (im Regelfall) nach ihrer Helligkeit durch und vergibt ihnen in entsprechender Reihenfolge einen griechischen Buchstaben. Diesem fügt man den Genitiv des lateinischen Namens des Sternbilds hinzu, in dem sie stehen.

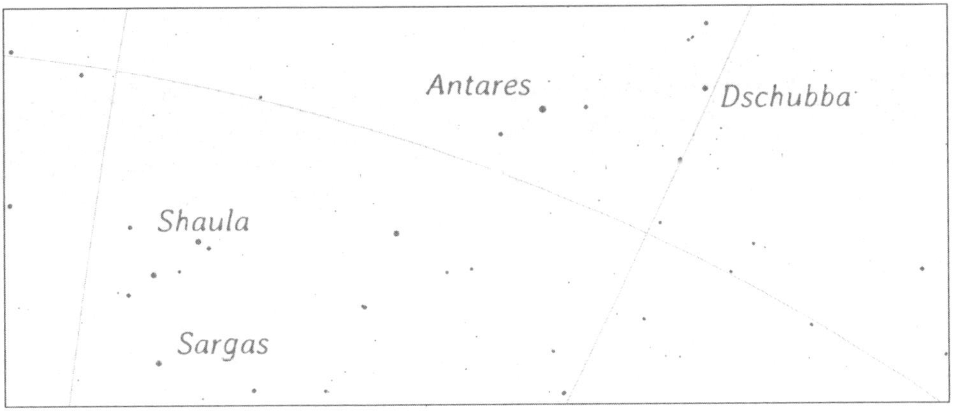

Sie haben sicher schon einmal vom Stern Alpha Centauri gehört. Er heißt so, weil er der hellste Stern (α, Alpha) im Sternbild Zentaur (lateinisch Centaurus, Genitiv Centauri, abgekürzt Cen) ist: α Cen. Dies wird gleichzeitig mit Nummern und Buchstaben gemacht. Ist man mit dem griechischen Alphabet durch, nennt man nur noch diese Codes, um Sterne anzusprechen. Beispiele dafür wären 51 Peg, also 51 Pegasi im Sternbild Pegasus, um den 1995 der erste Planet eines fremden Sonnensystems entdeckt wurde, oder auch VY CMa, voll ausgesprochen VY Canis Maioris im Sternbild Großer Hund (lateinisch Canis Maior), der einer der größten Sterne unserer Galaxis ist.

Es gibt geschäftstüchtige Menschen, die Ihnen gegen Bezahlung anbieten, einen Stern zu taufen. Sie erhalten dann eine hübsche Urkunde, die Sie zu Hause aufhängen und anschmachten können. Zu mehr taugt sie jedoch leider nicht. In offiziellen Sternkarten wird der von Ihnen gewählte Name niemals auftauchen. Die Benennung von Sternen findet immer noch durch Profis statt, genau gesagt durch die Internationale Astronomische Union (IAU). Es versteht sich, dass Sie auch keine Sterne kaufen können. Auch das ist nur eine höchst windige Geschäftsidee für Geldschneider.

DAS STERNBILD WIDDER

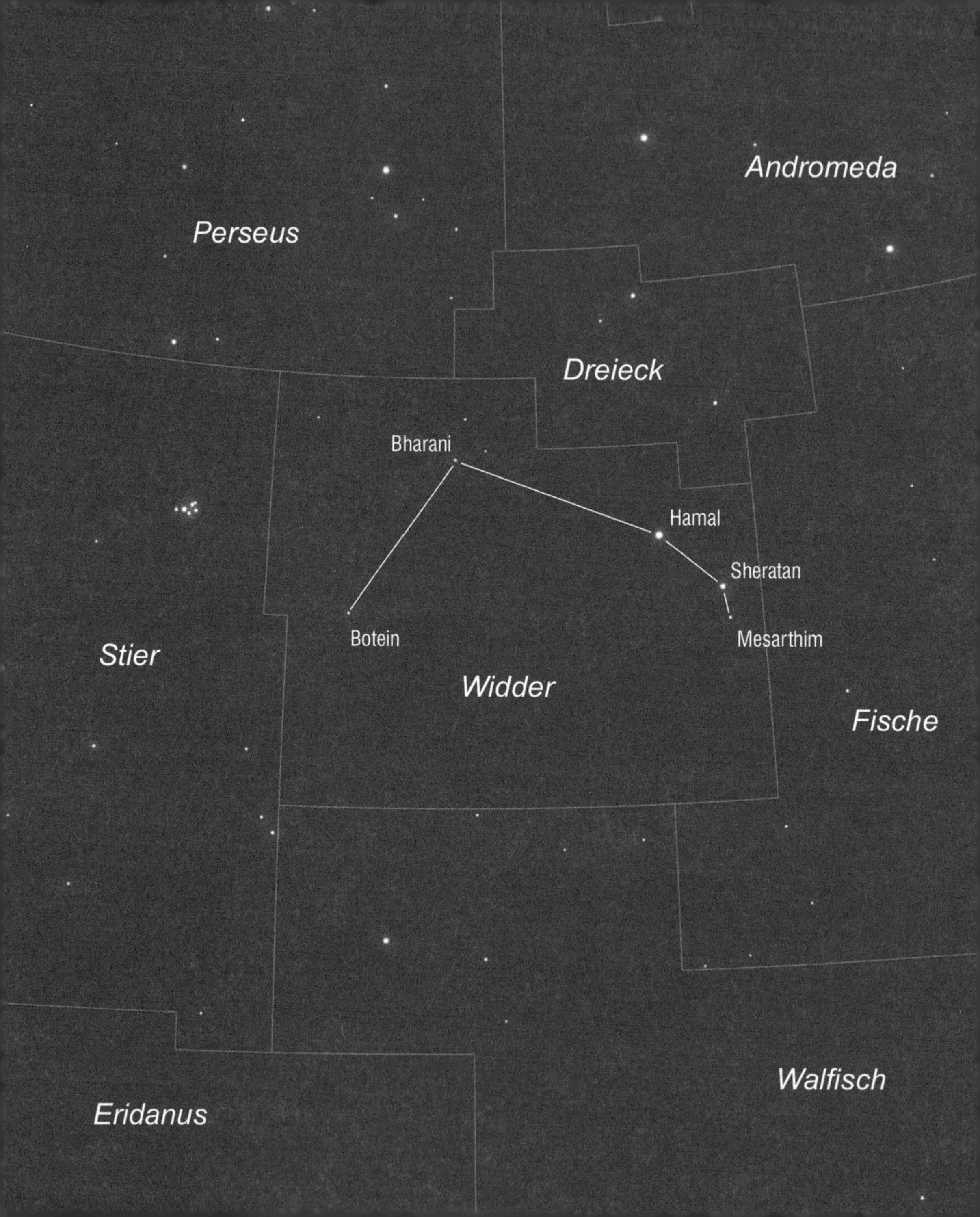
Andromeda
Perseus
Dreieck
Bharani
Hamal
Sheratan
Botein
Mesarthim
Stier
Widder
Fische
Walfisch
Eridanus

DAS STERNBILD WIDDER IM DATENBLATT

Deutscher Name	**Widder**
Lateinischer Name	**Aries**
Genitiv des lat. Namens	**Arietis**
Abkürzung	**Ari**
Tierkreissymbol	**♈**
Sonnendurchlauf des Sternbilds	**19.04. – 14.05.**
Sonnendurchlauf in der Astrologie	**21.03. – 20.04.**
Ausdehnung am Himmel	**441 $(°)^2$**
Größenrang unter allen Sternbildern	**39 von 88**
Größenrang unter den Tierkreissternbildern	**12 von 13**
Beste Sichtbarkeit am Abendhimmel	**Dezember**
Beste Sichtbarkeit am Morgenhimmel	**September**
Typische Jahreszeit zur Beobachtung	**Winter**
Element in der Astrologie	**Feuer**
Haus in der Astrologie	**1.**
Geschlecht in der Astrologie	**männlich**
Zugeordnete Gottheit in der Astrologie	**Mars (Ares), Gott des Krieges**

Sternenregion

Das astronomische Sternbild Widder befindet sich zwischen den Sternbildern Fische, dem es nachfolgt, und dem Stier, dem es vorauseilt. Im Norden grenzt es an den Perseus und das Nördliche Dreieck. Südlich von ihm befindet sich das Sternbild Walfisch. Der Widder befindet sich nördlich des Himmelsäquators. Dadurch erreicht er an Herbstabenden eine hohe Position am Himmel, sodass er im Grunde leicht beobachtet werden könnte. Der Widder ist jedoch ein kleines Sternbild, das hauptsächlich aus schwachen Sternen besteht. Er ist also nicht sehr auffällig. Daher geht er leicht im Stadtlicht verloren. Wer es von einem Feldweg oder einer Waldlichtung aus versucht, wird einen dunkleren Himmel vorfinden und den Widder leichter erkennen können.

HELLSTE STERNE

Name		Größe	Farbe	Entfernung	Bedeutung des Namens
Hamal	α Ari	2.	orange	66 LJ	Arabisch: Lamm
Sheratan	β Ari	3.	weiß	60 LJ	Arabisch: Die zwei Zeichen
Mesarthim	γ Ari	3.	weiß	204 LJ	Arabisch: Erster Stern des Widders
Botein	δ Ari	4.	orange	168 LJ	Arabisch: Kleiner Bauch
Bharani	41 Ari	4.	blau	160 LJ	Hindi: Ein Mondhaus in der indischen Astrologie

Interessante Objekte

Im Widder befinden sich keine auffälligen Himmelsobjekte. Es wird schon ein Teleskop benötigt, um die beiden interessanten Galaxien NGC 680 und NGC 772 zu sehen.

Tierkreissymbol

♈ Das astrologische Symbol des Tierkreiszeichens Widder ist ein stilisierter Widderkopf mit gekrümmten Hörnern, von vorne gesehen.

Menschen, die im Sternzeichen Widder geboren wurden, werden in der Astrologie die folgenden Eigenschaften zugeordnet: Selbstbewusstsein, Abenteuerlust, Unabhängigkeit, Kämpfernatur, Willensstärke, Zielstrebigkeit, Ehrlichkeit, Optimismus und Tatendrang. Widder sollen am besten zu Steinböcken passen, heißt es.

Geschichte

Das Sternenareal, das wir heute als Sternbild Widder kennen, wurde unseres Wissens zum ersten Mal in Mesopotamien im 3. Jahrtausend vor unserer Zeitrechnung benannt. Damals hieß es Ackerbauer. Erst die antiken Griechen wählten die Figur des Widders Chrysomallos aus ihrer umfangreichen Mythologie, um das weitestgehend unauffällige Sternfeld zu benennen. Seitdem gibt es das Sternbild Widder.

Zur Zeit der griechischen Antike sowie auch davor waren Astronomie und Astrologie noch eins. Wer die Sterne am Himmel erkundete, befasste sich auch gleichzeitig mit der Deutung ihrer Erscheinung und ihrer vermeintlichen Auswirkung auf die irdischen Geschicke. Die Planeten selbst wurden als Verkörperungen der Götter angesehen. Deshalb tragen sie alle die Namen der antiken Gottheiten. Die Götter bestimmten das Wohl und Wehe der Menschen, da war man sich sicher. Da die Planeten, zu denen damals auch Sonne und Mond gezählt wurden, durch eine begrenzte Zahl von Sternbildern wanderten, musste es für die Menschen bedeutsam gewesen sein, in welchem Sternbild sich zum Zeitpunkt ihrer Geburt die Götter aufhielten. Es war ihr Versuch, die Welt zu erklären.

Zur Zeit ihrer Einführung fielen die Sternzeichen noch mit ihren zugehörigen Sternbildern zusammen. Doch 2.000 Jahre sind eine lange Zeit, in der sich selbst langsamste, kosmische Bewegungen bemerkbar machen. So kommt es, dass sich die Sternbilder heute gegenüber dem damals festgelegten Tierkreis verschoben haben und dies auch weiterhin tun.

Das Sternbild Widder stellte sich lange Zeit nicht so dar wie heute. Sein nördlicher Teil, insbesondere die dreieckige Stelle um den Stern Bharani, galt einst als ein eigenes Sternbild. Große Einigkeit über seinen Namen herrschte allerdings nicht. Es wurde mal Wespe (Vespa), mal Biene (Apis) und mal Fliege (Musca) genannt. Zum Schluss hieß es offiziell Nördliche Fliege (Musca borealis), da es am Südsternenhimmel bereits eine Fliege gab, die somit Südliche Fliege (Musca australis) genannt wurde. Nach dem Wegfall der Nördlichen Fliege, die dem Widder zugeteilt wurde, wurde dann die Südliche Fliege nur noch Fliege genannt.

Die präzise Festlegung der Sternbildnamen und ihrer Grenzen geschah im Jahr 1928 durch die Internationale Astronomische Union (IAU).

DIE SAGE VOM WIDDER

Die Geschichte beginnt wie so viele spannende Erzählungen aus vergangener Zeit: Es war einmal ein König. Sein Name war Athamas. Er herrschte über ein Reich names Boiotien, mitten im alten Griechenland. Seine Frau war Nephele. Sie war keine gewöhnliche Frau, nein, das konnte man nicht behaupten. Nephele war eine Göttin. Eine Wolkengöttin, um genau zu sein. Sie schenkte Athamas drei Kinder, von denen die zweieiigen Zwillinge, der Junge Phrixos und das Mädchen Helle, die beiden erstgeborenen waren. Athamas nahm es mit der Treue jedoch nicht so genau. Er verliebte sich in Ino und nahm sie zur Frau. Die abgewiesene Nephele reagierte wütend, doch ohne göttliche Rachegelüste: Sie zog sich zurück und überlies Ino das Feld, die dem König zwei weitere Söhne gebar, Learchos und Melikertes.

König Athamas betrachtete seinen erstgeborenen Sohn Phrixos als Kronprinzen und damit als seinen Nachfolger auf dem Thron. Dies sah Ino mit Missgunst. Ihr Wunsch war es, einen ihrer leiblichen Söhne anstelle der verhassten Kinder, die ihr Mann aus erster Ehe in die Familie gebracht hatte, als zukünftige Könige Boiotiens zu sehen. Also schmiedete sie einen heimtückischen Plan. Als es Zeit für die Aussaat auf den Kornfeldern war, wies Ino die Mägde an, das Saatgut zu dörren. Damit wurde das Korn unbrauchbar, und im Herbst folgte eine entsetzliche Missernte.

Athamas, wohl in der Annahme, die Katastrophe sei doch noch ein Racheakt seiner Exfrau, sandte Boten nach Delphi, um von dem großen Orakel zu erfragen, was nun zu tun sei, um die Gunst der Götter wiederzuerlangen. Als die Boten zurückkehrten, wurden sie von Ino abgefangen. Sie überredete sie zu einer falschen Aussage. Sie sollten dem König mitteilen, dass das Orakel verkündet habe, Phrixos müsse zur Wiedergutmachung dem Zeus geopfert werden. Athamas brachte es nicht fertig, dem zuzustimmen. Phrixos aber, der die Notlage im Königreich richtig einschätzte, willigte freiwillig in seine Opferung ein. Feierlich und würdevoll gekleidet trat er schließlich in den Zeustempel vor den großen Opferaltar.

Doch Ino hatte die Rechnung ohne Nephele gemacht. Es ist schon töricht, eine Mutter gegen sich aufzubringen, indem man ihrem Kind nach dem Leben trachtet. Wenn die Mutter auch noch eine Göttin ist, darf man sich auf eine entfesselte Feindin einstellen. Nepheles erster Zug sah vor, ihre Kinder in Sicherheit zu bringen. Zu diesem Zweck schickte sie Chrysomallos, ihren goldenen Widder, nach Boiotien, um Phrixos und Helle davonzutragen. Sie selbst ließ eine Wolke durch den Herrschaftssitz treiben. Die Wolke vernebelte das gesamte Umfeld und stiftete große Verwirrung.

Mit Hilfe der Götterkönigin Hera gelang es Nephele, den Verstand Athamas' zu verwirren. Der König verfiel in einen Tobsuchtanfall. Er ging auf Learchos los und schlug ihn zu Tode. Sogleich setzte er an, die fassungslose Ino zu verfolgen, um sie ebenfalls zu töten, zusammen mit Melikertes. Ino, außer sich vor Panik, griff ihren verbliebenen Sohn und floh mit ihm nach draußen. Dort aber konnten sie durch Nepheles dichte Wolke nicht das Geringste sehen. In ihrer hektischen Flucht übersahen Ino und Melikertes die Klippen und stürzten ins Meer.

Phrixos und Helle befanden sich zu dem Zeitpunkt auf dem Rücken des göttlichen Widders und wurden vom ihm übers Meer getragen. Leider gelang es Helle nicht, sich an dem goldenen Fell festzuhalten. Das Mädchen rutschte ab und fiel ins Meer, welches man von da an Hellespont nannte. Wir kennen es heute als die Dardanellen.

Phrixos, verzweifelt und wütend über den Verlust seiner Schwester, beschimpfte den Widder aufgrund seiner Nachlässigkeit. Als Chrysomallos nach langem Flug in Kolchis am Schwarzen Meer landete und Phrixos absteigen ließ, beschloss dieser, den Widder dem Zeus zu opfern, damit er doch noch zu etwas nütze gewesen sei. Das Fell des Tieres, das berühmte „Goldene Vlies", übergab er Aietes, dem König von Kolchis. Aietes ließ es in einem geheiligten Wald, der dem Kriegsgott Ares geweiht war, aufhängen. Dort wurde es fortan von einem Drachen bewacht.

Der Götterkönig Zeus aber ehrte den Widder für die Rettung Phrixos'. Er nahm ihn in den Himmel auf und wies ihm einen Platz unter den Sternen zu.

Später sollte das Goldene Vlies noch einmal eine wichtige Rolle spielen, als es von Iason und seinen Argonauten geraubt wurde.

Aber das ist eine andere Geschichte.

DAS STERNBILD STIER

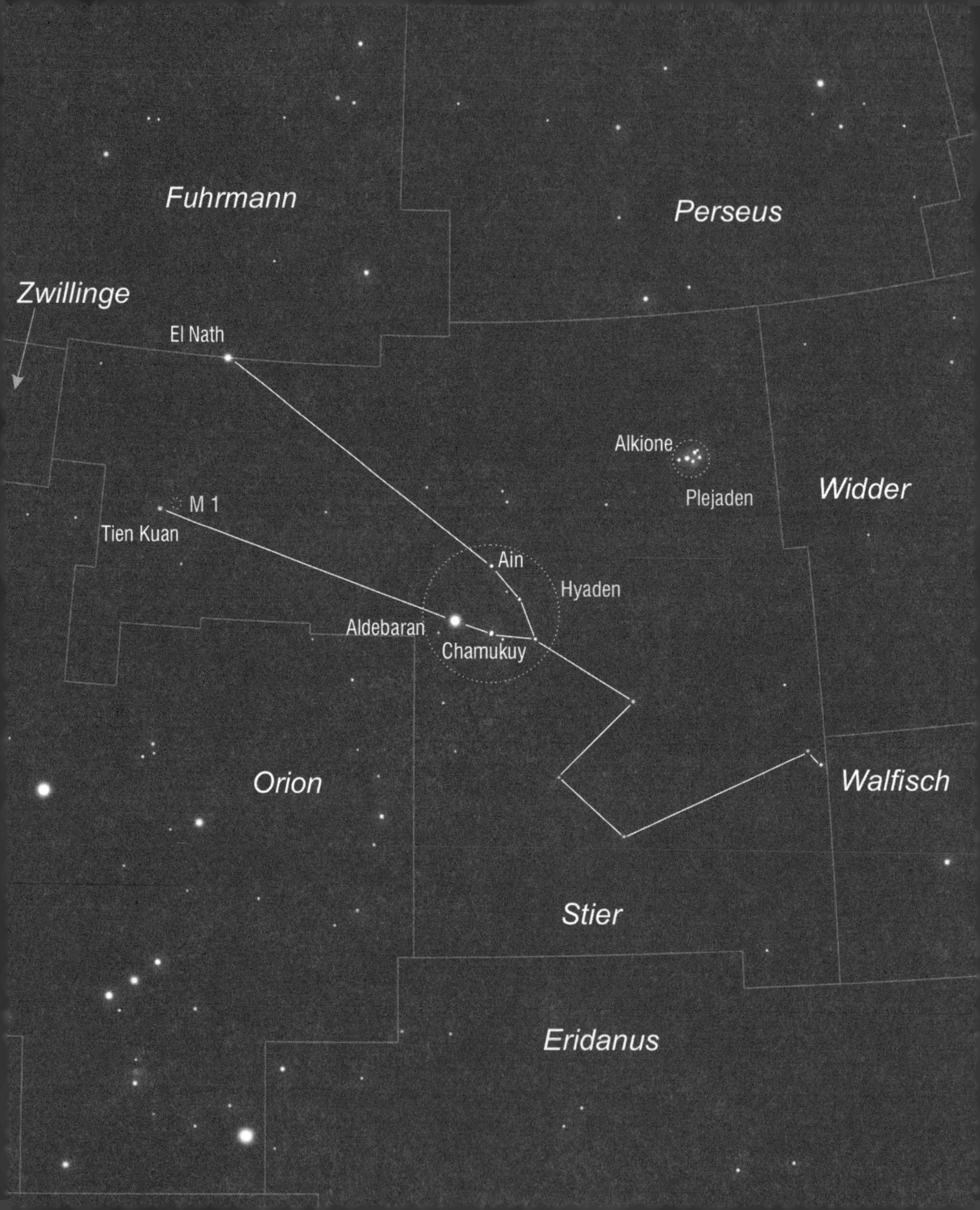
Fuhrmann
Perseus
Zwillinge
El Nath
Alkione
Plejaden
Widder
M 1
Tien Kuan
Ain
Hyaden
Aldebaran
Chamukuy
Orion
Walfisch
Stier
Eridanus

DAS STERNBILD STIER IM DATENBLATT

Deutscher Name	**Stier**
Lateinischer Name	**Taurus**
Genitiv des lat. Namens	**Tauri**
Abkürzung	**Tau**
Tierkreissymbol	**♉**
Sonnendurchlauf des Sternbilds	**14.05. – 21.06.**
Sonnendurchlauf in der Astrologie	**21.04. – 20.05.**
Ausdehnung am Himmel	**797 $(°)^2$**
Größenrang unter allen Sternbildern	**17 von 88**
Größenrang unter den Tierkreissternbildern	**7 von 13**
Beste Sichtbarkeit am Abendhimmel	**Januar**
Beste Sichtbarkeit am Morgenhimmel	**Oktober**
Typische Jahreszeit zur Beobachtung	**Winter**
Element in der Astrologie	**Erde**
Haus in der Astrologie	**2.**
Geschlecht in der Astrologie	**weiblich**
Zugeordnete Gottheit in der Astrologie	**Venus (Aphrodite), Göttin der Liebe**

Sternenregion

Das astronomische Sternbild Stier befindet sich zwischen den Sternbildern Widder, dem es nachfolgt, und den Zwillingen, denen es vorauseilt. Im Norden grenzt es an den Fuhrmann und den Perseus. Südlich von ihm befinden sich die Sternbilder Orion, Eridanus und Walfisch. Der Stier befindet sich nördlich des Himmelsäquators. Dadurch erreicht er an Winterabenden eine sehr hohe Position am Himmel. Da er aus hellen Sternen und einprägsamen Formen besteht, ist er leicht zu finden. Sein hellster Stern ist Aldebaran. Er markiert das Auge des Stiers und ist eine alternde Riesensonne, die 45 Mal größer ist als unsere Sonne.

HELLSTE STERNE

Name		Größe	Farbe	Entfernung	Bedeutung des Namens
Aldebaran	α Tau	1.	orange	66 LJ	Arabisch: Der Nachfolgende
El Nath	β Tau	2.	blau	134 LJ	Arabisch: Das Horn
Alkione	η Tau	3.	blau	410 LJ	Griechisch: eine Plejade (Tochter der Plejone)
Tien Kuan	ζ Tau	3.	blau	400 LJ	Chinesisch: Himmlischer Gebirgspass
Chamukuy	θ^2 Tau	3.	weiß	157 LJ	Maya: Kleiner Vogel

Interessante Objekte

Auffälligstes Objekt im Stier ist der Plejaden-Sternhaufen, auch Siebengestirn genannt, der im Winter wie ein kleines Weihnachtsbäumchen am Himmel steht. Um Aldebaran herum befinden sich die Hyaden, auch als Regengestirn bekannt. Sehr berühmt ist auch der Krebsnebel (The Crab, Messier 1), der nebelige Rest der Supernova von 1054.

Tierkreissymbol

♉ Das astrologische Symbol des Tierkreiszeichens Stier stellt den stilisierten Kopf eines Stieres mit nach oben gerichteten Hörnern in Frontalansicht dar.

Menschen, die im Sternzeichen Stier geboren wurden, werden in der Astrologie die folgenden Eigenschaften zugeordnet: Selbstbewusstsein, Geduld, Realismus, Zuverlässigkeit, Treue, Warmherzigkeit, Bodenständigkeit, Geiz und Sturheit. Es wird gesagt, dass Stiere am besten zu Waagen und Zwillingen passen.

Geschichte

Der Stier ist eines der ältesten Sternbilder. Vielleicht ist es sogar das älteste überhaupt. Zudem taucht es in nahezu sämtlichen Kulturen als dieselbe Figur auf, eben als Stier. Dies trifft sogar auf die geographisch wie kulturell weit entfernten Naturvölker am Amazonas zu. Der Stier ist gleichzeitig auch eins der mythenreichsten Sternbilder.

Den ersten gesicherten Hinweis auf den Stier finden wir im 3. Jahrtausend vor unserer Zeitrechnung in Sumer. Es ist davon auszugehen, dass es sich bei der figürlichen Darstellung um den Himmelsstier handelt, eine mythische Gestalt, die auch im Gilgamesch-Epos eine Rolle spielt. Es waren zwei Dinge, die das Sternbild Stier zu jener Zeit zu einer wichtigen Konstellation mit höchster kultureller Bedeutung machten. Zum einen befand sich der Frühlingspunkt im Stier. Das ist der Punkt, an dem die Sonne von Süden kommend auf den nördlichen Sternenhimmel wechselt und auf diese Weise seit eh und je den Frühlingsbeginn markiert. Infolge der Präzession ist der Frühlingspunkt über die Jahrtausende aus dem Stier herausgewandert, hat den Widder durchquert und liegt heute in den Fischen. Zum anderen enthält der Stier zwei besonders auffällige Sternanhäufungen, die der Astronom als „Offene Sternhaufen“ bezeichnet.

Diese Sternhaufen tragen die Namen Hyaden (oder Regengestirn) sowie Plejaden (oder Siebengestirn). Diese beiden Sternengruppen sehen einerseits sehr hübsch aus, und zusätzlich läuft die Ekliptik genau zwischen ihnen hindurch und damit auch die Sonne, der Mond und die Planeten. Daher wird diese Stelle das „Goldene Tor der Ekliptik" genannt. Erst seit dem 23.12.1989 liegt im Stier der Sonnenwendpunkt.

Am 04. Juli 1054, gut 700 Jahre vor der Unabhängigkeitserklärung der U.S.A., ereignete sich im Stier etwas seltenes, das Astronomen heutiger Tage gerne miterlebt hätten: In der Umgebung des Sterns Tien Kuan explodierte ein unscheinbarer, weit entfernter Stern. Das Licht dieser Supernova war aber so hell, dass es mit Leichtigkeit am Taghimmel zu sehen war. Das wissen wir aus zeitgenössischen Aufzeichnungen. Der Rest dieser gigantischen Explosion ist heute bereits in kleinen Teleskopen zu bewundern. Es ist der Krebsnebel oder Crab-Nebula, das Paradebeispiel einer Gas- und Staubwolke, die aus den Elementen besteht, die während der Supernova erbrütet wurden und nun im Weltraum verteilt werden, auf dass sie eines Tages Bestandteil einer Wasserstoffwolke werden, aus der sich eine neue Sonne und neue Planeten formen.

DIE SAGE VOM STIER

Die Geschichte spielt im Zweistromland im 2. Jahrtausend vor unserer Zeitrechnung. Ein Gärtner aus der Stadt Kisch fand am Ufer des Euphrat einen offenbar ausgesetzten Säugling. Er nahm ihn an und zog ihn auf. Das Kind wuchs zu einem außergewöhnlich großen, starken und schnellen Mann heran. Sein Name war Gilgamesch, was „strahlendes Feuer" bedeutete. Gilgamesch ahnte nichts von seiner Herkunft und seiner Bestimmung, als er sich der Armee von Kisch anschloss, um gegen die weiter im Süden gelegene Stadt Uruk zu marschieren. Dort aber erfüllte sich sein Schicksal. Gilgamesch war zu zwei Dritteln göttlicher Abstammung und dazu vorbestimmt, König von Uruk zu werden. Doch der ungestüme junge Mann hatte keinen Sinn für die Verantwortung, die die Herrschaft über Menschen mit sich brachte. Er wurde zu einem unbarmherzigen Despoten, der die Einwohner Uruks dazu zwang, eine gewaltige Mauer um die Stadt herum zu errichten, während er selbst sich mit den Frauen der Arbeiter vergnügte. Wie selbstverständlich nahm er das Recht, die erste Nacht mit den jungverheirateten Frauen zu verbringen, in Anspruch.

Die Menschen beteten zu den Göttern. Sie flehten sie an, etwas gegen den grausamen König zu unternehmen. Und so ersann An, der mächtigste der Götter, einen wilden Mann, haarig und bärtig, eine Art Tiermensch, der die Aufgabe erhielt, sich Gilgamesch entgegenzustellen. Er hieß Enkidu.

Enkidu forderte Gilgamesch zum Kampf heraus. Da An ihn mit der gleichen Kraft wie Gilgamesch ausgestattet hatte, gewann keiner der beiden Kämpfer die Oberhand. Stattdessen kämpften sie für mehrere Tage und Nächte, während derer keiner den anderen bezwingen konnte. Schließlich reichten sich die beiden Männer die Hände und lobten die Fähigkeiten des anderen. Sie wurden Freunde, und Enkidu gelobte, Gilgamesch zu folgen und ihn zu unterstützen. Die Freundschaft zwischen den Männern besänftigte Gilgamesch, der in der Folge zu einem gerechteren König wurde.

Indessen hielt Enkidu sein Wort und stand Gilgamesch bei seinen Aufgaben zur Seite. So zogen sie zusammen in den weit entfernten Zedernwald und töteten das menschenmordende Ungeheuer, das dort lange Zeit sein Unwesen getrieben hatte. Dieses Monster hatte unter dem Schutz von Inanna gestanden, der Göttin der erotischen Liebe und des Krieges, die zudem Stadtgöttin von Uruk war.
Gilgamesch willigte ein, der Tradition zu folgen, als König von Uruk die Verbindung mit Inanna einzugehen. Doch dies tat er nur zum Vorwand. Sein eigentliches Ziel war es, Inanna kurz vor dem Zeremoniell, bei dem sämtliche Priester und ein Großteil der Stadtbewohner anwesend waren, zu schmähen und zu demütigen. In seinen Augen waren die Götter intrigant und boshaft. Er warf Inanna vor, den Schutz der Stadt nicht

ernst zu nehmen, sondern sich nur auf Kosten der Menschen zu vergnügen. Kreischend und in einen Feuerball gehüllt fuhr Inanna in den Himmel hinauf. Sie brachte An dazu, ihr bei ihrer Rache zu helfen und einen himmlischen Stier zu ersinnen, der Uruk verwüsten sollte.

Der Stier war riesig. Seine Hörner glitzerten blau, und aus seinen Nüstern schossen Flammen, mit denen er Uruks Soldaten Atemstoß um Atemstoß hinwegfegte. Enkidu sprang dem Untier auf den Nacken, riss ihm die Hörner nach hinten und entblößte damit seine Schwachstelle. Sofort sprang Gilgamesch in die Höhe, zog sein Schwert und schlug dem Stier eine lange, tiefe Wunde in den Hals. Tödlich getroffen, sackte das Tier zusammen und verendete. Da erschien Inanna auf der Stadtmauer und schwor abermals Rache. Enkidu brüllte auf wie ein Löwe, riss dem toten Stier ein Hinterbein aus und stürmte damit auf Inanna zu. Geblendet von Inannas Glanz sah niemand, was geschah. Doch am Abend, als die Stadt ihre Helden und den Sieg über den Himmelsstier feierte, zeigte sich, wie schlimm Inanna Enkidu mitgespielt hatte. Der Tiermann verfiel in einen Fieberschauer, er zitterte am ganzen Körper, und seine Haut wurde eiskalt. Gilgamesch brachte ihn in seine eigenen Räumlichkeiten, um seinen Freund zu pflegen. Trotz aller Bemühungen des Königs verstarb Enkidu am nächsten Morgen. Das Wehgeschrei Gilgameschs brachte den Boden und die Wände in ganz Uruk zum Beben.

Unfähig, sich mit dem Tod seines Freundes abzufinden, wich Gilgamesch dem Leichnam in den nächsten Tagen nicht von der Seite. Erst nach einer Woche, als Gilgamesch die Verwesungen auffielen, sah er ein, dass es keinen Zweck hatte festzuhalten, und er traf eine Entscheidung: Er gab sein Königtum auf und begab sich auf seine lange Reise zur Suche nach Unsterblichkeit. Er erlangte sie nie.

Am Ende rief ihn die Totengöttin Ereschkigal zu sich in die Unterwelt. Sie wies ihm seinen Platz rechts neben ihrem Thron zu. „Wir haben auf dich gewartet“, sprach zu ihrer Linken sein Freund Enkidu.

DAS STERNBILD ZWILLINGE

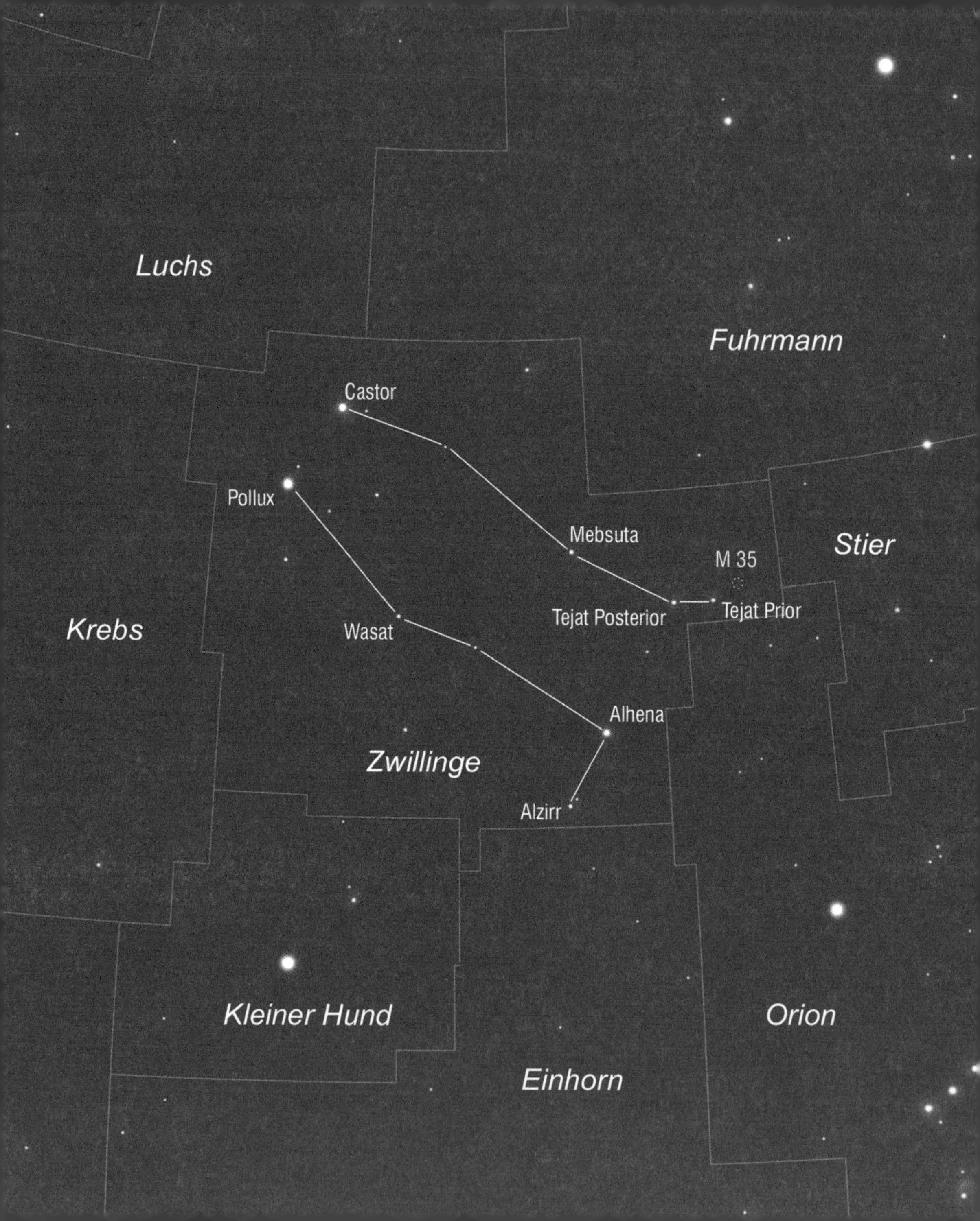
Luchs
Fuhrmann
Castor
Pollux
Mebsuta
M 35
Stier
Krebs
Tejat Posterior
Tejat Prior
Wasat
Alhena
Zwillinge
Alzirr
Kleiner Hund
Orion
Einhorn

DAS STERNBILD ZWILLINGE IM DATENBLATT

Deutscher Name	**Zwillinge**
Lateinischer Name	**Gemini**
Genitiv des lat. Namens	**Geminorum**
Abkürzung	**Gem**
Tierkreissymbol	♊
Sonnendurchlauf des Sternbilds	**21.06. – 21.07.**
Sonnendurchlauf in der Astrologie	**21.05. – 21.06.**
Ausdehnung am Himmel	**514 $(°)^2$**
Größenrang unter allen Sternbildern	**30 von 88**
Größenrang unter den Tierkreissternbildern	**9 von 13**
Beste Sichtbarkeit am Abendhimmel	**Februar**
Beste Sichtbarkeit am Morgenhimmel	**November**
Typische Jahreszeit zur Beobachtung	**Winter**
Element in der Astrologie	**Luft**
Haus in der Astrologie	**3.**
Geschlecht in der Astrologie	**männlich**
Zugeordnete Gottheit in der Astrologie	**Merkur (Hermes), göttlicher Bote**

Sternenregion

Das astronomische Sternbild Zwillinge befindet sich zwischen den Sternbildern Stier, dem es nachfolgt, und dem Krebs, dem es vorauseilt. Im Norden grenzt es an den Fuhrmann und das Sternbild Luchs. Südlich von ihm befinden sich der Kleine Hund, das Einhorn und der Orion. Die Zwillinge befinden sich nördlich des Himmelsäquators. Dadurch erreichen sie an Winterabenden eine hohe Position am Himmel, sodass sie leicht beobachtet werden können. Es sind jedoch nur die Hauptsterne der Zwillinge, die leicht zu finden sind. Die beiden Sternketten, die den Körpern der gedachten Männerfiguren folgen, sind nur bei dunklem Himmel zu erkennen. Es empfiehlt sich also, das Sternbild Zwillinge in einer Neumondnacht abseits von Städten und Dörfern aufzusuchen. Hilfreich ist dabei, dass die beiden Sterne Castor und Pollux recht eng beisammen stehen.

HELLSTE STERNE

Name		Größe	Farbe	Entfernung	Bedeutung des Namens
Pollux	α Gem	1.	orange	34 LJ	Lateinisch: Polydeukes
Castor	β Gem	2.	weiß	50 LJ	Lateinisch: Kastor
Alhena	γ Gem	2.	weiß	105 LJ	Arabisch: Das Zeichen
Tejat Posterior	δ Gem	3.	rot	250 LJ	Arabisch: Hinterfuß, Ferse
Mebsuta	ε Gem	3.	gelb	900 LJ	Arabisch: Ausgestreckte

Interessante Objekte

Das auffälligste Objekt in den Zwillingen ist der offene Sternhaufen M 35, der mit einem kleinen Fernglas bereits gut zu erkennen ist. Er befindet sich im Bereich des Fußes von „Kastor“.

Tierkreissymbol

Das astrologische Symbol des Tierkreiszeichens Zwillinge sind zwei senkrechte Linien, die oben und unten querverbunden sind. Es symbolisiert die Verbundenheit der beiden mythischen Brüder.

Menschen, die im Sternzeichen Zwillinge geboren wurden, werden in der Astrologie die folgenden Eigenschaften zugeordnet: Heiterkeit, Kontaktfreudigkeit, Beredsamkeit, Flatterhaftigkeit, Gelassenheit, Unbeschwertheit, Kopflastigkeit, Launigkeit, Angespanntheit, Widersprüchlichkeit.

Geschichte

Im Sternbild Zwillinge befand sich vom 20. Oktober –11 bis zum 22. Dezember 1989 der nördlichste Punkt der Ekliptik. Seit dem 23.12.1989 liegt er im Stier. Diese Angaben beziehen sich auf die Sternbildgrenzen, wie sie seit dem Jahr 1922 festgelegt sind. Da diese in der Vergangenheit nicht existierten, war der Übergang zwischen den Sternbildern fließend und somit eine exakte Datumsangabe nicht möglich. Fest steht aber, dass der Punkt der Sommersonnenwende etwa seit dem Beginn unserer Zeitrechnung in den Zwillingen stand.

Die Ekliptik ist die scheinbare Bahn der Sonne, die sich ergibt, wenn man die jährliche Bewegung der Erde um die Sonne vom Erdboden aus verfolgt. Ihr nördlichster Punkt ist jener Punkt, an dem die Sonne am 21. Juni kehrt macht und wieder zurück nach Süden wandert, womit die Tage kürzer und die Nächte länger werden. Er markiert gleichzeitig den nördlichsten Breitengrad auf der Erde, auf dem die Sonne im Sommer im Zenit stehen kann. Aufgrund der Präzession, die auf Seite 10 beschrieben ist, wandert dieser Wendepunkt die Ekliptik entlang. Während der klassischen Antike befand er sich im Sternbild Krebs. Das ist der Grund, warum dieser Breitengrad auf der Erde als „Wendekreis des Krebses“ benannt wurde.

Das Sternbild Zwillinge ist eines der ersten Sternbilder, die sich die Menschen ausdachten. Es zählt zu den 48 klassischen Sternbildern der Antike. Seitdem ist an ihm nicht gerüttelt worden. Historisch interessanter ist ein anderer Aspekt, denn hier in den Zwillingen hatte Clyde Tombaugh am 18. Februar 1930 den Zwergplaneten Pluto entdeckt, den man jahrelang für einen vollwertigen „Großen Planeten“ des Sonnensystems hielt. Immer präzisere Messungen ergaben jedoch schließlich, dass er ein sehr kleiner Körper wie tausende andere im äußeren Sonnensystem ist. So mussten die Astronomen schließlich erkennen, dass es ein Irrtum war, Pluto zum Planeten zu erklären. Dies war ohnehin nur geschehen, weil die Astronomen damals fieberhaft nach einem neunten Planeten gesucht hatten, der Unregelmäßigkeiten in der Bahn des Planeten Neptun erklären sollte. Zufällig entdeckte Tombaugh dabei den Pluto. Heute wissen wir jedoch, dass die vermeintlichen Unregelmäßigkeiten in der Neptunbahn nur auf einen Rechenfehler zurückgegangen waren. Mit Neptuns Bahn ist alles in Ordnung; es bedarf Pluto nicht, um sie zu erklären.

Die Sage von den Zwillingen

Das Sternbild Zwillinge geht auf die griechische Mythologie zurück. Die Hauptfiguren dieser Geschichte waren zwei junge Männer, die „Dioskuren“. Das Wort bedeutet „Göttersöhne“, oder, noch etwas konkreter, „Zeussöhne“. Sie wurden auch als „Tyndariden“ bezeichnet, was wiederum besagt, dass sie die Söhne des Tyndareos, eines sterblichen Königs, waren. Woher diese Widersprüchlichkeit?

Beginnen wir am Anfang, lange vor der Geburt der beiden Burschen. Die Geschichte spielt nirgendwo anders als im legendären Sparta, das zu jener Zeit von Tyndareos regiert wurde. Tyndareos war eben erst seinem Vater Oibalos auf den Thron gefolgt, da mussten er und sein Bruder Ikarios fliehen, da ihr Halbbruder Hippokoon sie vertrieben hatte, um sich selbst zu inthronisieren. Tyndareos und Ikarios gelangten infolgedessen nach Pleuron an den Hof von König Thestios, dem sie ihre Dienste als Krieger anboten. König Thestios nahm die beiden Königssöhne beim Wort, und so zogen sie mit ihm in die Schlacht gegen Akarnanien, das insbesondere dank des beherzten Einsatzes von Tyndareos erobert werden konnte. Aus Dankbarkeit versprach Thestios dem tapferen Tyndareos die Hand seiner Tochter, Prinzessin Leda.

Der intrigante Hippokoon von Sparta, der sich unrechtmäßig das Königtum angeeignet hatte, geriet in einen Kampf mit Herkules. Noch nicht einmal mit Hilfe seiner Brüder konnte er den mächtigen Kämpfer besiegen; sie unterlagen ihm mit tödlicher Folge. So war der Thron wieder frei für Tyndareos und seine Frau Leda. Eines Tages begegnete Leda während eines Spaziergangs ein großer, weißer Schwan. Angetan von dem schönen Vogel, der sich ihr gegenüber sehr zutraulich verhielt, verbrachte sie den Tag mit ihm. Er kuschelte sich an sie, und sie streichelte ihn. Was Leda nicht wusste: Der Schwan war in Wirklichkeit der Göttervater Zeus, der sich in sie verliebt hatte und sie nun in Gestalt des majestätischen Vogels zu verführen trachtete. Noch in der folgenden Nacht, nach dem Erlebnis mit dem Schwan, schlief Leda mit ihrem Mann Tyndareos. Kurz darauf wurde sie schwanger.

Zur großen Überraschung aller gebar sie neun Monate später kein Kind, sondern zwei Eier! Selbstverständlich hatte dabei Zeus seine Hand im Spiel, und seine Idee dahinter war einmal mehr hinterlistig und unmenschlich. Aus jedem der Eier schlüpften zwei Babys, jeweils zweieiige Zwillinge. Das eine Ei enthielt zwei Mädchen: Die sterbliche Klytaimnestra als Tochter von Tynadareos, sowie Helena als göttliche Tochter des Zeus. Letztere war es, für die Jahre später der Trojanische Krieg ausbrechen sollte, doch das ist eine andere Geschichte. Aus dem zweiten Ei schlüpften zwei Jungs: Kastor als

Sohn von Tyndareos und damit sterblich, und Polydeukes, göttlich und unsterblich. Alle vier Kinder wurden von Tyndareos und Leda angenommen und aufgezogen.

Nie wieder wurde man Zeuge größerer Bruderliebe als während des Heranwachsens von Kastor und Polydeukes. Die beiden teilten Freud und Leid miteinander, standen immer füreinander ein und wichen einander nie von der Seite. Als sie erfuhren, dass sie unterschiedliche Väter hatten, tat dies ihrer Liebe zueinander keinen Abbruch.

Polydeukes wurde bekannt als mächtiger Faustkämpfer, während Kastors großes Geschick darin bestand, Pferde zu zähmen. Als die schöne Helena zum ersten Mal entführt wurde, waren es die beiden Brüder, die in den Kampf zogen, um ihre Schwester zu befreien. Sie waren darüber hinaus sehr abenteuerlustig. Sie begleiteten Herkules, dem ihr Vater seinen Thron verdankte, zu den Amazonen, und sie schlossen sich Jasons Argonauten an, um an der Suche nach dem Goldenen Vlies teilzunehmen.

Eines Tages wurden Kastor und Polydeukes auf zwei hübsche Mädchen aufmerksam. Sie hießen Hilaeira und Phoibe und waren die Töchter von Leukippos, des Königs von Messenien. Die beiden Brüder näherten sich ihnen und wollten sie für sich gewinnen. Doch die Mädchen waren bereits vergeben. Ihre Verlobten Idas und Lynkeus bemerkten die Annäherungsversuche und wurden sogleich von Eifersucht erfasst. Es kam zum Kampf, während dem Polydeukes Lynkeus erschlug. Kastor jedoch unterlag Idas und starb auf der Stelle. Noch ehe Idas wusste, wie ihm geschah, erschlug Zeus ihn mit einem Blitz. In seinem Schmerz flehte Polydeukes seinen Vater an, ihn ebenfalls sterblich zu machen, damit er seinem Bruder ins Totenreich folgen könne. Das rührte Zeus, doch er wollte auch nicht seinen Sohn verlieren, und so stellte er Polydeukes vor die Wahl: Entweder würde er ewig jung mit den Göttern im Olymp leben, oder er würde sterblich werden und abwechselnd einen Tag bei Zeus im Olymp und einen in der Unterwelt bei seinem Bruder verbringen. Ohne zu zögern entschied Polydeukes sich für die zweite Option.

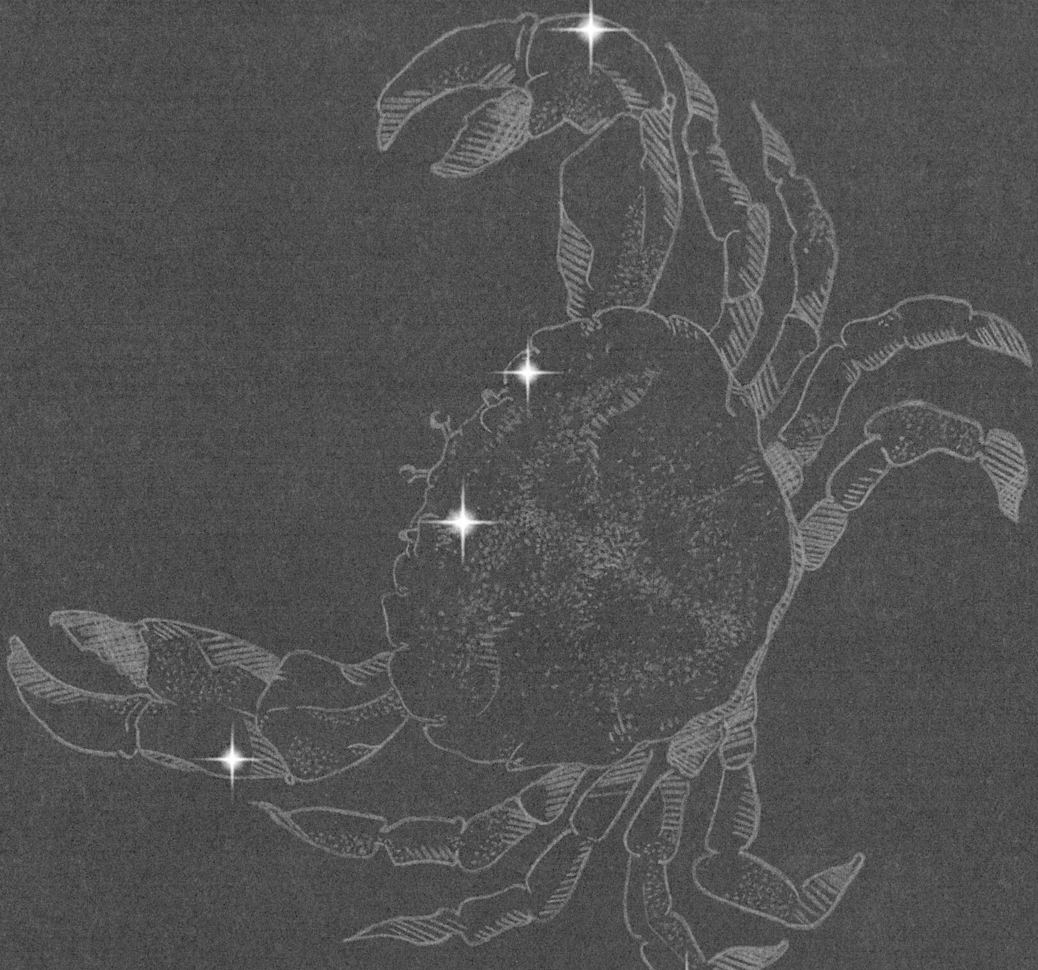

DAS STERNBILD KREBS

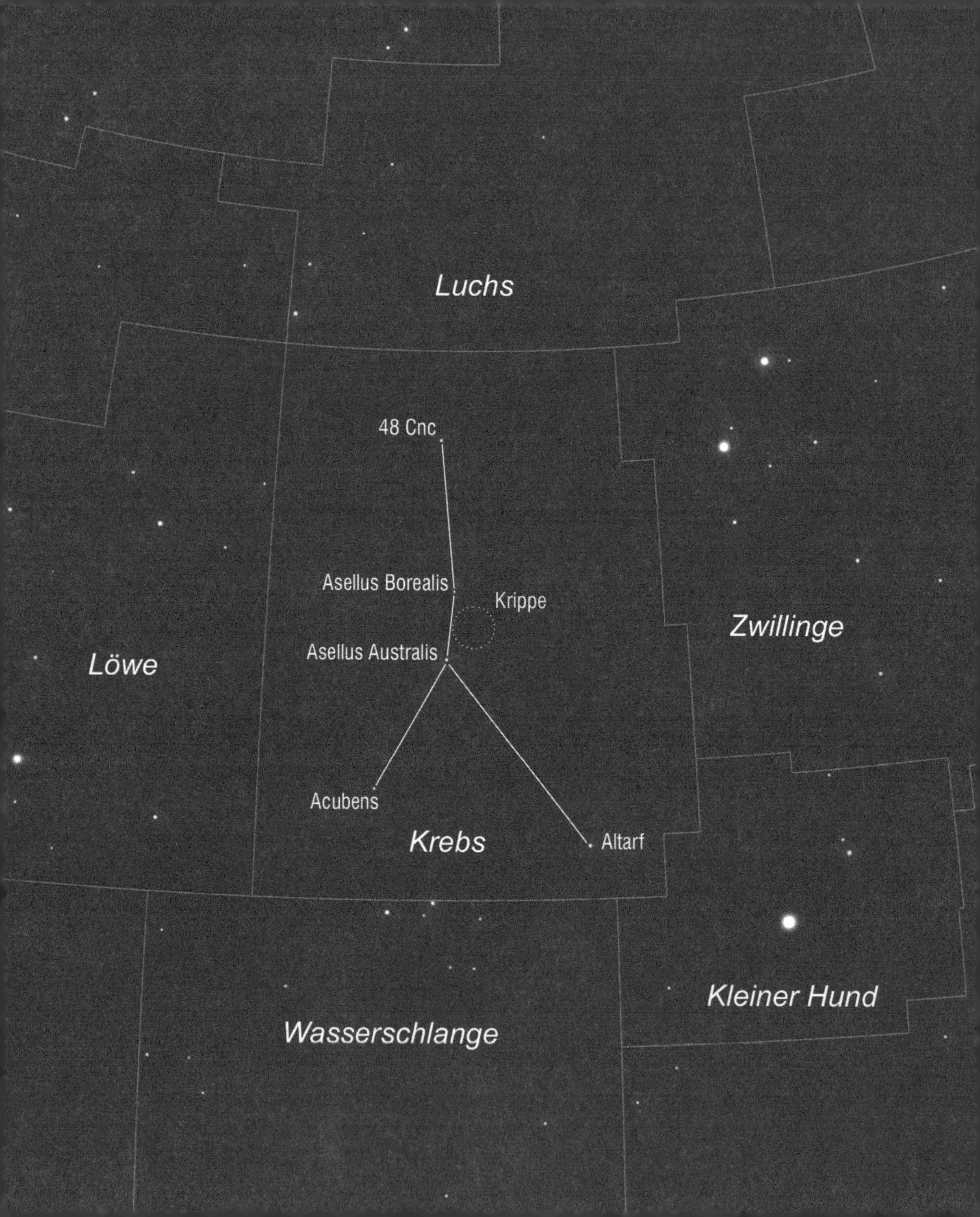
Luchs
48 Cnc
Asellus Borealis
Krippe
Asellus Australis
Zwillinge
Löwe
Acubens
Krebs
Altarf
Kleiner Hund
Wasserschlange

DAS STERNBILD KREBS IM DATENBLATT

Deutscher Name	**Krebs**
Lateinischer Name	**Cancer**
Genitiv des lat. Namens	**Cancri**
Abkürzung	**Cnc**
Tierkreissymbol	♋
Sonnendurchlauf des Sternbilds	**21.07. – 11.08.**
Sonnendurchlauf in der Astrologie	**22.06. – 22.07.**
Ausdehnung am Himmel	**506 $(°)^2$**
Größenrang unter allen Sternbildern	**31 von 88**
Größenrang unter den Tierkreissternbildern	**10 von 13**
Beste Sichtbarkeit am Abendhimmel	**März**
Beste Sichtbarkeit am Morgenhimmel	**Dezember**
Typische Jahreszeit zur Beobachtung	**Frühling**
Element in der Astrologie	**Wasser**
Haus in der Astrologie	**4.**
Geschlecht in der Astrologie	**weiblich**
Zugeordnete Gottheit in der Astrologie	**Luna (Selene), Göttin des Mondes**

Sternenregion

Das astronomische Sternbild Krebs befindet sich zwischen den Sternbildern Zwillinge, dem es nachfolgt, und dem Löwen, dem es vorauseilt. Im Norden grenzt es an den Luchs. Südlich von ihm befinden sich die Sternbilder Wasserschlange und Kleiner Hund. Der Krebs befindet sich nördlich des Himmelsäquators. Dadurch erreicht er an Frühlingsabenden eine hohe Position am Himmel, sodass er im Grunde leicht beobachtet werden könnte. Der Krebs ist jedoch ein kleines Sternbild, das ausschließlich aus schwachen Sternen besteht, was ihn zu einem sehr unauffälligen Sternbild macht. Daher ist er in der Nähe von Lichtquellen so gut wie nicht zu sehen. Ein dunkler Himmel ist Voraussetzung, um die Sterne des Krebses erkennen zu können und zu versuchen, seine Figur nachzuempfinden.

HELLSTE STERNE

Name		**Größe**	**Farbe**	**Entf.**	**Bedeutung des Namens**
Altarf	β Cnc	4.	orange	230 LJ	Arabisch: Das Ende
AsellusAustralis	δ Cnc	4.	orange	150 LJ	Arabisch: Südlicher Esel
48 Cancri	ι Cnc	4.	gelb	300 LJ	Hat keinen Eigennamen
Acubens	α Cnc	4.	weiß	180 LJ	Arabisch: Die Schere (Klaue des Krebses)
Asellus Borealis	γ Cnc	5.	weiß	160 LJ	Arabisch: Nördlicher Esel

Interessante Objekte

Im Krebs steht der helle Sternhaufen M 44. Er ist mit bloßem Auge zu erkennen und im kleinen Feldstecher wunderbar zu beobachten. Er wird auch Praesepe genannt, lateinisch für Krippe. Zwei Sterne markieren die Esel, einer nördlich und einer südlich, die aus dieser Krippe fressen.

TIERKREISSYMBOL

Der Ursprung des astrologischen Symbols des Tierkreiszeichens Krebs liegt im Unklaren. Einer Ausführung zufolge soll es die beiden Scheren darstellen, die in entgegengesetzte Richtungen ausgestreckt sind.

Menschen, die im Sternzeichen Krebs geboren wurden, werden in der Astrologie die folgenden Eigenschaften zugeordnet: Liebenswürdigkeit, Freundlichkeit, Fröhlichkeit, Zwischenmenschlichkeit, Respekt, Sparsamkeit, Bescheidenheit, Überempfindlichkeit, Launenhaftigkeit, Pessimismus, Zielstrebigkeit, Ehrgeiz.

GESCHICHTE

Während der Antike befand sich im Krebs der nördlichste Punkt der Ekliptik, die Stelle, an der die Sonne zur Sommersonnenwende umkehrt und wieder in südlichere Gefilde des Tierkreises wandert. Projiziert auf die Erde ergibt sich als Breitengrad der „Nördliche Wendekreis", der seit jener Zeit auch „Wendekreis des Krebses" genannt wird. Der Krebs gehört nämlich zu den 48 klassischen Sternbildern der Antike und hat seine Position unter den Sternen seitdem inne.

Nicht überall auf der Welt erblickten die Menschen in dieser Himmelsregion die Figur eines Krebses. So hieß das Sternbild bei den Babyloniern „Schildkröte". Die Ägypter sahen in ihm einen Skarabäus.

Im Mittelalter wurde diese Sternenanordnung als eine Assel interpretiert, später als eine Art Flusskrebs. Jakob Bartsch, der im 17. Jahrhundert Sternkarten anfertigte, wählte als Bild für dieses Areal einen Hummer. Erst in moderner Zeit ging man dazu über, dem Sternbild die Figur einer Krabbe überzustülpen, so wie wir es heute kennen.

Interessant ist die Frage, warum ein Himmelsareal, das keine hellen Sterne enthält, zu einem eigenen und dabei bedeutenden Sternbild erklärt wurde. Über die Antwort können wir nur mutmaßen, doch erscheint es wahrscheinlich, dass die Anwesenheit des Sommersonnenwendpunktes dabei eine maßgebende Rolle spielte. Das Volk der Chaldäer, das im südlichen Bereich des Zweistromlands lebte, war davon überzeugt, dass dieser Bereich am Himmel, an dem die Sonne in Sommer umkehrt, ein Tor war. Ein Tor, durch das bei der Geburt eines Menschen, dessen Seele vom Himmel auf die Erde gelangt und in ihn hineingleitet. Eine derart symbolträchtige Stelle am Himmel musste einen Namen gehabt haben, und vielleicht ist dies ja der Ursprung des Sternbilds Krebs.

DIE SAGE VOM KREBS

Die Geschichte zum Sternbild Krebs ist Teil einer langen und komplexen Erzählung über eine berühmte antike Heldenfigur, die des Herakles. Er ist den meisten Menschen noch besser unter seinem lateinischen Namen Herkules bekannt.

Herkules' Existenz war das Resultat eines Seitensprungs. Sein Vater war niemand geringeres als Zeus, der oberste Gott der Griechen und Herrscher über den Himmel. Die Göttin des Himmels war seine Ehefrau Hera. Doch sie war nicht Herkules' Mutter. Zeus hatte sich nämlich mehr als einmal außer Haus vergnügt. Dies tat er recht häufig mit sterblichen Frauen, in diesem Fall mit der ebenfalls gebundenen Alkmene. Sie war mit Amphitryon verlobt. Gleich nach dessen Rückkehr aus dem Krieg sollte die Hochzeit stattfinden. Doch Zeus verliebte sich in die schöne und ausgesprochen kluge Frau. Er verwandelte sein Äußeres in die Gestalt von Amphitryon und suchte Alkmene auf. Es gelang ihm, ihren Verlobten so überzeugend zu spielen, dass Alkmene mit ihm schlief. So wurde sie schwanger und gebar einen Jungen, der den Namen Herkules erhielt.

Nicht sicher, ob Herkules nun göttlich oder sterblich war, entführte Zeus das Baby eines Nachts in den Himmel, um ihm göttliche Milch zu trinken zu geben. So wollte er Herkules' Unsterblichkeit sicherstellen. Um seinen Plan umzusetzen, fiel ihm nichts Dümmeres ein, als seinen neugeborenen Sohn an die Brust seiner Frau Hera zu legen, während diese fest schlief. Der kleine Herkules saugte jedoch so ungestüm, dass Hera nach wenigen Schlucken aufwachte. Vor Schreck ergriff sie das Baby und riss es so hastig von ihrer Brust, dass ein Schwall ihrer Milch hervorspritzte und zu beiden Seiten ihres Bettes über den Himmel rann und auf ewig eine Spur zwischen den Sternen hinterließ, die von da an „Milchstraße“ genannt wurde.

Hera war außer sich vor Wut. Sie im Schlaf ein fremdes Baby stillen zu lassen, das auch noch der Spross der Untreue ihres Mannes war, das ging zu weit. Ihr Zorn bündelte sich in unaussprechlichen Hass auf das Kind, und sie beschloss, ihm sein Leben zur Hölle zu machen.

Herkules wuchs heran, und nicht zuletzt durch seine göttliche Kraft wurde er zu einem großen Kämpfer, der seine Dienste auch als Söldner anbot. So kam es, dass er für seine Leistungen die Prinzessin Megara von Theben zur Frau erhielt. Mit ihr zeugte er drei Söhne.

Nun war für Hera der Zeitpunkt gekommen, Herkules einen fürchterlichen Schlag zu versetzen. Eines Nachts vernebelte sie Herkules Verstand, kontrollierte ihn gar. In diesem Zustand ließ sie ihn seine Frau und die drei Kinder erschlagen. Als Hera seinen Verstand wieder freigab und Herkules erkannte, was er getan hatte, waren seine Schuldgefühle und seine Verzweiflung unbeschreiblich. Um sich von der Tat reinzuwaschen, empfahl ihm das Orakel von Delphi, sich in die Dienerschaft seines Cousins Eurystheus zu begeben. Dieser trug ihm zwölf übermenschliche Arbeiten auf, von denen Herkules jede einzelne zu vollbringen und zu beweisen hatte.

Eine dieser Aufgaben war die folgende: Herkules reiste mit seinem Neffen Iolaos nach Lerna. Dort trieb ein Untier, die Hydra, ihr Unwesen. Die Hydra war eine Schlange mit neun Köpfen. Nacht für Nacht streifte sie im Land umher, fraß den Bauern das Vieh weg und verwüstete ihre Felder. Herkules' Auftrag war es, diesem Ungeheuer das Handwerk zu legen.

Herkules und Iolaos stellten das Tier vor seiner Höhle. Fauchend und geifernd ging es auf Herkules los. Der holte aus und schlug der Schlange einen ihrer Köpfe ab. Doch die Wunde heilte augenblicklich und ließ zwei neue Köpfe hervorwachsen. Mit jedem Kopf, den Herkules dem Monster abtrennte, wuchsen zwei neue Köpfe nach. Da befahl Herkules Iolaos, eine Fackel anzuzünden und jedes Mal, wenn Herkules einen Kopf abgetrennt hatte, sollte Iolaos mit der Fackel hinzueilen und die Wunde veröden. Dieser Plan funktionierte prima, und als Herkules der Hydra den letzten Kopf abgeschlagen und Iolaos den offenen Hals verbrannt hatte, sackte das Ungeheuer zusammen und starb.

Das gefiel Hera überhaupt nicht. Sie erschuf augenblicklich einen großen Krebs, den sie Karkinos nannte, und hetzte ihn auf Herkules. Der mutige Kämpfer versuchte auszuweichen, doch das Tier erwischte ihn mit einer Schere am Fußknöchel und packte zu. Doch Herkules hob sein freies Bein, und mit einem beherzten Tritt zertrampelte er den Krebs.

Anschließend sammelten er und Iolaos einige der Köpfe der Hydra ein. Schließlich mussten sie Eurystheus ja noch beweisen, dass die Aufgabe erfolgreich erfüllt war.

DAS STERNBILD LÖWE

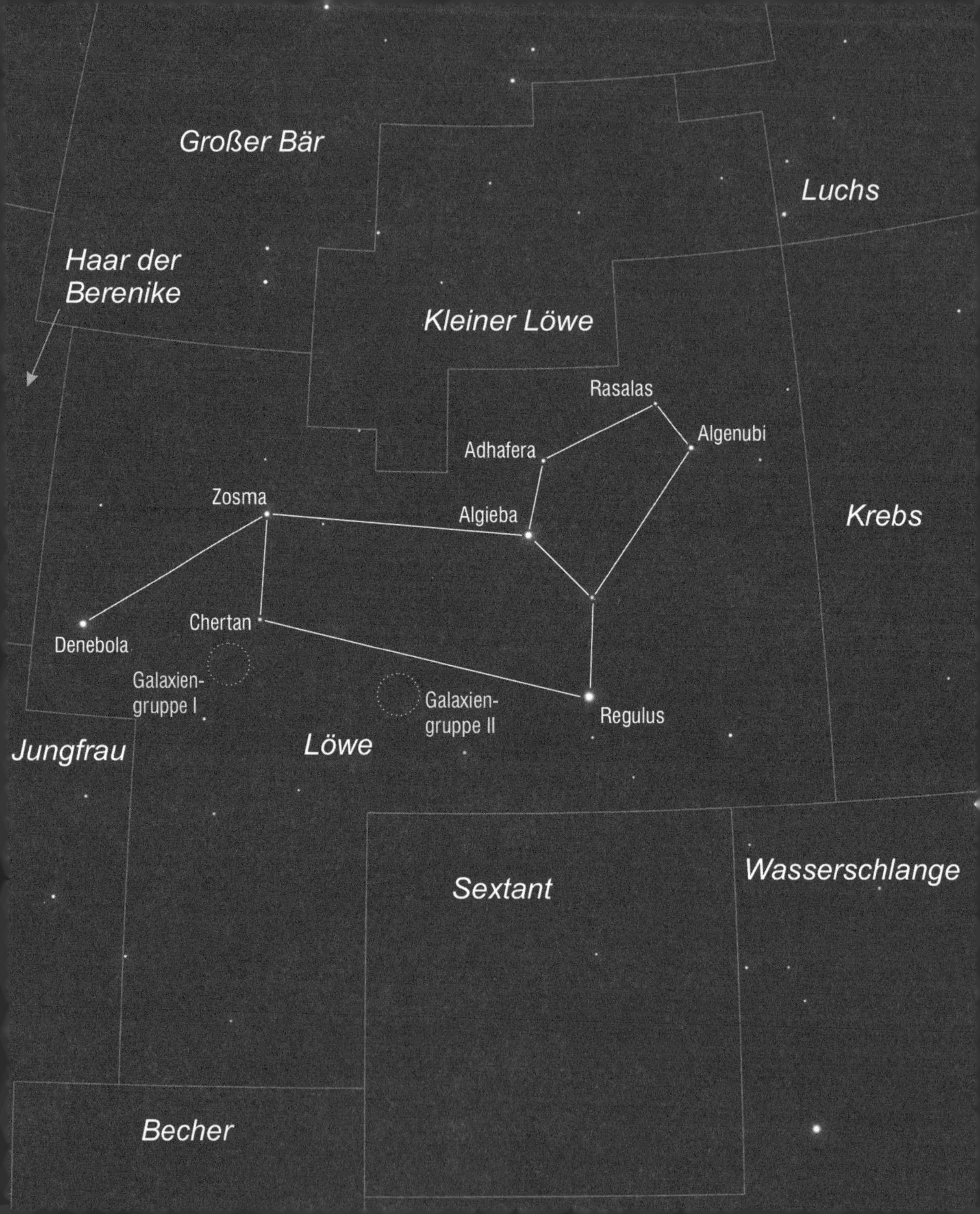
Großer Bär
Luchs
Haar der Berenike
Kleiner Löwe
Rasalas
Algenubi
Adhafera
Zosma
Algieba
Krebs
Chertan
Denebola
Galaxien-gruppe I
Galaxien-gruppe II
Regulus
Jungfrau
Löwe
Wasserschlange
Sextant
Becher

DAS STERNBILD LÖWE IM DATENBLATT

Deutscher Name	**Löwe**
Lateinischer Name	**Leo**
Genitiv des lat. Namens	**Leonis**
Abkürzung	**Leo**
Tierkreissymbol	♌
Sonnendurchlauf des Sternbilds	**11.08. – 17.09.**
Sonnendurchlauf in der Astrologie	**23.07. – 23.08.**
Ausdehnung am Himmel	**947 $(°)^2$**
Größenrang unter allen Sternbildern	**12 von 88**
Größenrang unter den Tierkreissternbildern	**4 von 13**
Beste Sichtbarkeit am Abendhimmel	**April**
Beste Sichtbarkeit am Morgenhimmel	**Januar**
Typische Jahreszeit zur Beobachtung	**Frühling**
Element in der Astrologie	**Feuer**
Haus in der Astrologie	**5.**
Geschlecht in der Astrologie	**männlich**
Zugeordnete Gottheit in der Astrologie	**Sol (Helios), Gott der Sonne**

STERNENREGION

Das astronomische Sternbild Löwe befindet sich zwischen den Sternbildern Krebs, dem es nachfolgt, und der Jungfrau, der es vorauseilt. Im Norden grenzt es an den Kleinen Löwen, den Großen Bären sowie das Haar der Berenike. Südlich von ihm befindet sich der Becher, der Sextant und die Wasserschlange. Der Löwe ist ein Sternbild des Himmelsäquators. Es liegt knapp nördlich von ihm. An Frühlingsabenden steht der Löwe hoch im Süden. Sein Hauptstern Regulus ist ein Stern erster Größe. Insgesamt ist das Sternbild hell und einprägsam. Die Form eines liegenden Löwen ist leicht nachvollziehbar. Der Kopf mit der Mähne befindet sich dabei rechts, also westlich, während sein Schweif links im östlichen Bereich beim Stern Denebola zu finden ist.

HELLSTE STERNE

Name		Größe	Farbe	Entfernung	Bedeutung des Namens
Regulus	α Leo	1.	blau	78 LJ	Lateinisch: Kleiner König
Algieba	γ Leo	2.	orange	126 LJ	Arabisch: Mähne des Löwen
Denebola	β Leo	2.	weiß	36 LJ	Arabisch: Schwanz des Löwen
Zosma	δ Leo	3.	weiß	58 LJ	Arabisch: Lende
Algenubi	ε Leo	3.	gelb	251 LJ	Arabisch: Stirn des Löwen

INTERESSANTE OBJEKTE

Wenn wir in Richtung des Löwen blicken, sehen wir in eine Region des Universums, die viele Galaxien enthält. Einige von ihnen kann man sogar schon im Feldstecher als zarte Lichtflecken entdecken, z. B. M 65, M 66 (I), oder auch M 95 und M 96 (II).

Tierkreissymbol

♌ Das astrologische Symbol des Tierkreiszeichens Löwe zeigt einen stilisierten Löwenkopf, der nach links blickt, mit nach rechts hin angeordneter Mähne.

Menschen, die im Sternzeichen Löwe geboren wurden, werden in der Astrologie die folgenden Eigenschaften zugeordnet: Extrovertiertheit, Eitelkeit, Energischkeit, Beharrlichkeit, Begeisterungsfähigkeit, Optimismus, Kreativität, Willensstärke, Herzlichkeit, Treue, Verspieltheit, Sturheit, Kritikunfähigkeit.

Geschichte

Das Sternbild des Löwen ist ähnlich alt wie das Sternbild Stier, vielleicht sogar noch älter. Jedenfalls gehört es ebenfalls zu den 48 Konstellationen, die schon vor über 2000 Jahren bekannt waren. Zusätzlich lässt sich annehmen, dass dieser Himmelsregion bereits in der Vorantike eine besondere Stellung zukam. Warum? Die Antwort liefert einmal mehr die Präzession, die kreiselartige Torkelbewegung des rotierenden Erdballs, deren Zyklus ungefähr 26.000 Jahre beträgt. Innerhalb dieser Zeit wandern alle Punkte des Tierkreises einmal um den Himmel herum. Und das wiederum bedeutet, dass ungefähr alle 2.100 Jahre auch der Sommersonnenwendpunkt ein Sternbild weiter wandert. Der steht heute im Stier. Ungefähr von Beginn unserer Zeitrechnung an bis ins Jahr 1989 befand er sich in den Zwillingen. Grob von 1.500 v. u. Z. bis zur Zeitenwende wanderte der Punkt der Sommersonnenwende durch den Krebs. Und ja, davor war es das Sternbild Löwe, das den Punkt der Sonnenwende enthielt. Das war grob von 4.100 bis 1.500 v. u. Z.

Nun ist es für uns sehr schwierig, kulturelle Aspekte einer Zeit herauszufinden, aus der keine schriftlichen Belege vorliegen. Eine erste Schrift, die die Forschung entziffern konnte, war die ab 2.700 v. u. Z. aufkommende Keilschrift. Dadurch wissen wir, dass bereits in Sumer die Sterne in der betreffenden Himmelsregion als eine Löwenform imaginiert wurden. Die Vorstellung über Löwen als kraftvolle, königliche Tiere ist uralt, und so könnte es sein, dass das Sternbild Löwe seinen symbolkräftigen Ursprung möglicherweise tatsächlich in dem Umstand fand, dass der Sonnengott Utu hier seinen Jahreslauf umkehrte. Doch das ist Spekulation. Genau wissen wir es nicht.

Ursprünglich wurde das Sternbild des Löwen noch etwas ausgedehnter betrachtet. Das Ende seines Schweifes mit dem für Löwen typischen Haarbüschel wurde noch etwas weiter östlich dargestellt. Seit dem 2. Jahrhundert n. u. Z. wurde der Bereich zu einem eigenen Sternbild, dem „Haar der Berenike".

DIE SAGE VOM LÖWEN

Es gibt zwei antike Sagen, die am Nachthimmel reich in Form von Sternbildern illustriert sind. Die eine handelt von dem Helden Perseus, der die schöne Prinzessin Andromeda, Tochter von König Kepheus und Königin Kassiopeia, vor dem Meeresungeheuer Ketos (Walfisch) rettet. Er ist es auch, der einer der fürchterlichen Gorgonen, der Medusa, ihr schlangenhaariges Haupt abschlägt und aus deren totem Körper das Flügelross Pegasus entspringt. Das sind immerhin sechs Konstellationen, die alleine zu einer einzigen mythologischen Geschichte gehören.

Übertroffen wird Perseus nur von Herkules, dem heute noch berühmtesten aller sagenhaften Recken. Zusammen mit seinem eigenen Sternbild, Herkules, und den Konstellationen Drache, Krebs, Löwe, Wasserschlange, Zentaur und Stier zählt seine Sagenwelt sieben am Sternenhimmel illustrierte Stationen seiner Abenteuer. Zwar ist die Geschichte um den Stier aus dem Gilgamesch-Epos älter, doch auch die Griechen hatten Sagen, denen zufolge der Stier an den Himmel versetzt wurde.

Über Herkules müssen wir wissen, dass die Umstände seiner Geburt ausgesprochen prekär waren. Er war der Bankert einer Affäre des Götterkönigs Zeus mit einer sterblichen Frau namens Alkmene. Zeus, der mit der Göttin Hera vermählt war, war Alkmene als deren eigener Verlobter Amphitryon erschienen, kurz bevor dieser aus langer Kriegsabwesenheit zurückkehrte. Die ahnungslose Alkmene, überglücklich über die vermeintliche Rückkehr ihres Liebsten, schlief mit Zeus und wurde schwanger. Zumindest war Zeus die Situation nicht gleichgültig, denn er sorgte und kümmerte sich um seinen Sohn. Seine Sorge betraf vor allem die Möglichkeit, dass der neugeborene Herkules sterblich sein könnte, denn immerhin war seine Mutter ja eine Sterbliche. Um sicherzugehen, beschloss Zeus, Herkules göttliche Muttermilch zu trinken zu geben.

Dies versuchte er nun unbedingt dadurch zu bewerkstelligen, das Baby heimlich an die Brust seiner tief schlafenden Frau Hera zu legen. Was er wohl nicht ahnen konnte, war die Tatsache, dass der kleine Herkules so ungestüm zu saugen begann, dass Hera nach wenigen Schlucken erwachte. Als sie das fremde Kind an ihrer Brust erblickte, erschrak sie und riss es so hastig von sich, dass ein Schwall ihrer Milch über den Himmel strömte und auf diese Weise die Milchstraße bildete.

Die gleich doppelt betrogene Hera geriet außer sich vor Wut. Und das bestimmte Herkules' Leben. Denn Heras Hass richtete sich fortan nicht gegen ihren untreuen Ehemann, nicht gegen die sterbliche Alkmene, sondern gegen Herkules selbst. Als er erwachsen war, begann sie ihn zu peinigen.

Solange Herkules ein Knabe war, ließ die Göttin ihn in Ruhe, denn immerhin war Herkules mit göttlicher Körperkraft und Widerstandsfähigkeit ausgestattet, da hätte es nicht viel Sinn ergeben, ihn auf direkte Weise zu attackieren. Doch nun hatte er eine Frau und drei Kinder und war dadurch im besonderen Maße verletzlich. Es heißt, der erste Schnitt ist der tiefste, und so war Heras erster Angriff auf den jungen Helden auch gleichzeitig der schlimmste. Eines Nachts bemächtigte sich die Göttin Herkules' Verstand und kontrollierte seine Handlungen. Und so erschlug er eigenhändig seine ganze Familie im Schlaf.

Verzweifelt und voller Schuldgefühle suchte Herkules Rat beim Orakel von Delphi, das ihm empfahl, sich in die Dienerschaft seines Vetters Eurystheus zu begeben. Der wusste Herkules zu beschäftigen, indem er ihm zwölf übermenschliche Arbeiten auferlegte. Die erste bestand darin, den Löwen zu töten, der unweit der Stadt Nemea hauste und dort die Menschen tyrannisierte.

Herkules gehorchte und begab sich nach Nemea. Er fand den riesigen Löwen auch sogleich und stellte ihn. Zunächst versuchte er, ihn mit Pfeil und Bogen zu erlegen, doch das Fell des Tieres war so zäh, dass die Pfeile ohne Schaden anzurichten abprallten. Keine Waffe konnte den Löwen verletzen, und so sah Herkules nur eine Möglichkeit: Er musste den Löwen mit seiner schieren Körperkraft angreifen.

Nach langem Kampf gelang es Herkules, den Löwen zu erwürgen. Als er anschließend bemerkte, dass der Löwe sich im Todeskampf mit seiner eigenen Pranke selbst die Haut aufgekratzt hatte, riss er dem verendeten Untier eine Kralle aus. Damit zog er dem Löwen das Fell ab. Seitdem benutzte Herkules es als waffensicheren Umhang, mit dem Kopf des Tieres als Helm. Gleichzeitig diente das Fell als Beweis vor Eurystheus, dass Herkules seine Aufgabe erfüllt hatte.

Hera, die dem Löwen die ganze Zeit ihre Kraft verliehen hatte, musste sich geschlagen geben. Sie wies dem Löwen einen Platz unter den Sternen zu und überlegte sich einen neuen Plan gegen Herkules. Schließlich lagen ja noch 11 weitere Aufgaben vor ihm, während derer sie ihm das Leben erschweren konnte.

DAS STERNBILD JUNGFRAU

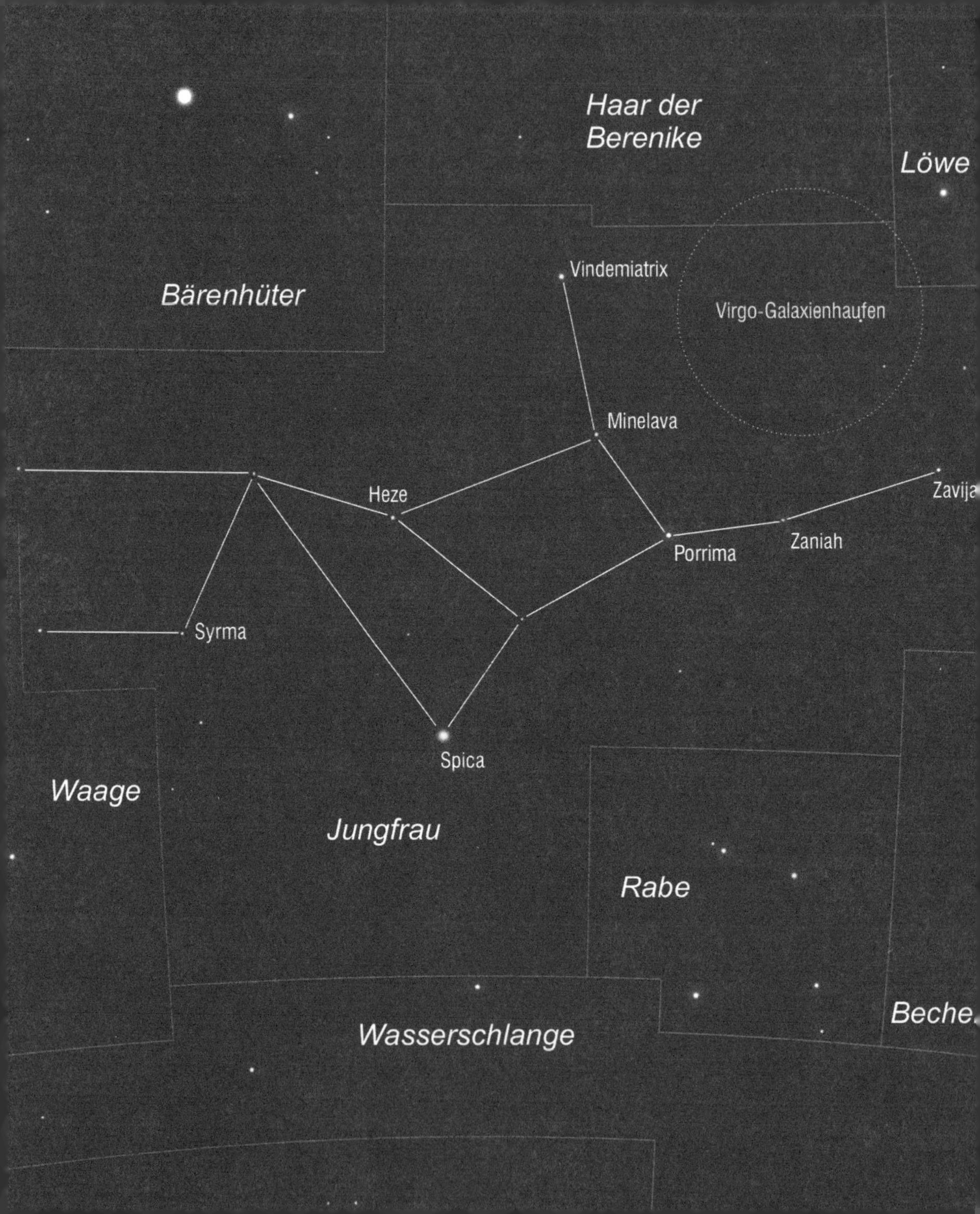
Haar der Berenike
Löwe
Bärenhüter
Vindemiatrix
Virgo-Galaxienhaufen
Minelava
Heze
Zavija
Porrima
Zaniah
Syrma
Spica
Waage
Jungfrau
Rabe
Beche
Wasserschlange

DAS STERNBILD JUNGFRAU IM DATENBLATT

Deutscher Name	**Jungfrau**
Lateinischer Name	**Virgo**
Genitiv des lat. Namens	**Virginis**
Abkürzung	**Vir**
Tierkreissymbol	♍
Sonnendurchlauf des Sternbilds	**17.09. – 31.10.**
Sonnendurchlauf in der Astrologie	**24.08. – 23.09.**
Ausdehnung am Himmel	**1294 $(°)^2$**
Größenrang unter allen Sternbildern	**2 von 88**
Größenrang unter den Tierkreissternbildern	**1 von 13**
Beste Sichtbarkeit am Abendhimmel	**Mai**
Beste Sichtbarkeit am Morgenhimmel	**Februar**
Typische Jahreszeit zur Beobachtung	**Frühling**
Element in der Astrologie	**Erde**
Haus in der Astrologie	**6.**
Geschlecht in der Astrologie	**männlich**
Zugeordnete Gottheit in der Astrologie	**Merkur (Hermes), göttlicher Bote**

STERNENREGION

Das astronomische Sternbild Jungfrau befindet sich zwischen den Sternbildern Löwe, dem es nachfolgt, und der Waage, der es vorauseilt. Im Norden grenzt es an die Schlange, den Bärenhüter und das Haar der Berenike. Südlich von ihm befinden sich die Sternbilder Wasserschlange, Rabe und Becher. Die Jungfrau liegt auf dem Himmelsäquator. Dadurch erreicht sie an Frühlingsabenden eine mäßig hohe Position am Himmel, sodass sie noch recht leicht beobachtet werden könnte. Die Jungfrau ist jedoch zwar ein sehr großes, doch leuchtschwaches Sternbild. Ihr Hauptstern Spika hat zwar 1. Größe, doch ansonsten besteht sie nur wenig auffälligen Sternen. Um alle Sterne dieser großen Konstellation zu sehen, ist eine dunkle Umgebung unverzichtbar. Bereits wenige künstliche Lichtquellen in der Nähe machen den Versuch zunichte.

HELLSTE STERNE

Name		Größe	Farbe	Entf.	Bedeutung des Namens
Spica	α Vir	1.	blau	262 LJ	Lateinisch: Kornähre
Porrima	γ Vir	3.	gelblich	39 LJ	Name der italischen Geburtsgöttin
Vindemiatrix	ε Vir	3.	gelb	102 LJ	Lateinisch: Weinleserin
Heze	ζ Vir	3.	weiß	73 LJ	Ursprung des Namens unbekannt
Minelava	δ Vir	3.	rot	200 LJ	Arabisch: Im Mondhaus von Awwa

INTERESSANTE OBJEKTE

In der Jungfrau, genau genommen weit hinter der Jungfrau, liegt der riesige Virgo-Galaxienhaufen. Im größeren Feldstecher begegnen Sie vielen nebeligen Fleckchen, die weit entfernte Galaxien sind.

TIERKREISSYMBOL

♍ Das astrologische Symbol des Tierkreiszeichens Jungfrau ist eine Art kleines m mit einem Fortsatz, der die Kornähre symbolisieren soll, die das Mädchen mit sich führt.

Menschen, die im Sternzeichen Jungfrau geboren wurden, werden in der Astrologie die folgenden Eigenschaften zugeordnet: Pünktlichkeit, Zuverlässigkeit, Fleiß, Intelligenz, Skepsis, Neugier, Lerneifer, Bedachtsamkeit, Vernunft, Fürsorglichkeit, Intoleranz, Misstrauen, Kleinlichkeit, Kulturinteresse, Planungsfreudigkeit.

GESCHICHTE

Die Jungfrau als Sternbild hat ihren Ursprung im alten Sumer, im Zweistromland. Jedoch wurde es nicht ausdrücklich als Jungfrau betrachtet. Es stand vielmehr für Fruchtbarkeit und wurde Ackerfurche genannt. Der Grund: Sein hellster Stern steht in einem weiten Feld deutlich schwächerer Sterne und fällt daher entsprechend auf. Wenn dieser Stern im August wieder am Morgenhimmel erschien, läutete dies die Zeit der Ernte ein. Die Sumerer nannten ihn daher „šala šubultu“ (Göttin Schala, die Kornähre). Die Bedeutung der Kornähre blieb über die Zeit erhalten, und so erhielt der Stern später den lateinischen Namen „Spica“, was ebenfalls Kornähre bedeutet.

Von der Symbolik der Fruchtbarkeit war es nicht mehr weit hin zu einer weiblichen Personifizierung des Sternbilds. Das Wort šala stand in der ausgestorbenen Sprache Hurritisch auch für „junge Frau“, und die perfekte Verkörperung alles Weiblichen war in Sumer die Göttin Inanna. Hieraus ergab sich eine tiefe Symbolik im Zusammenhang mit dem ebenfalls in jener Zeit etablierten Sternbilds Stier, dem Himmelsstier aus dem Gilgamesch-Epos. Denn immer, wenn der Stier im Westen herabsinkt, steigt im Osten die Jungfrau auf. Inannas Aufstieg zur Herrin des Himmels hing eng zusammen mit der Herabkunft des zerstörerischen Himmelsstiers auf die Erde.

Die Verklärung des Begriffs „junge Frau“ zu „Jungfrau“ war im hellenistischen Griechenland nicht unüblich. Von einer Jungfrau geboren worden zu sein bedeutete, dass man nur von göttlicher Herkunft sein konnte und so eine tyrannische Herrschaft leichter zu rechtfertigen war.

In jene Zeit fällt auch die Übersetzung der jüdischen Tora vom Hebräischen ins Griechische. Hier wurde das hebräische Wort „almah“, was „junge Frau“ bedeutete, im Zusammenhang mit Maria, der Mutter von Jesus, mit „parthenos“ auf Griechisch übersetzt. Das war kein Fehler, denn auch „parthenos“ stand für eine junge Frau im heiratsfähigen Alter, unabhängig von der Frage, ob sie schon einmal Sex gehabt hatte. Später jedoch, als sich das Dogma durchsetzte, Jesus sei von jungfräulicher und damit göttlicher Geburt, festigte sich die Bedeutung von „parthenos“ als Jungfrau im sexuellen Sinne. Somit erscheint es denkbar, dass sich eine ganze Weltreligion, das Christentum, auf eine willkürliche Uminterpretation einer einfachen Vokabel begründet.

DIE SAGE VON DER JUNGFRAU

Inanna war die sumerische Göttin der Schönheit, der körperlichen Liebe und des Krieges. Nachdem sie das Eanna, das Haus des Himmels, in der Stadt Uruk erobert hatte, war sie zur Herrin des Himmels aufgestiegen und damit auf Augenhöhe mit dem Schöpfergott An. Doch ihr Ehrgeiz war damit nicht gestillt.

Inanna wollte obendrein über die Unterwelt herrschen, die von ihrer Schwester Ereschkigal regiert wurde. Und so traf sie Vorbereitungen für einen weiteren Eroberungszug. Unterstützt von ihrer Dienerin Ninschubura legte sie sich die sieben Insignien ihrer Macht an: Ihr Herrschaftsgewand, den Armreif, den Brustschmuck, den Messstab mit der Leine, die Perlen, den Lapislazulistein und natürlich ihr Diadem.

Während sie sich kleidete, erklärte Inanna ihrer Dienerin mit Nachdruck, was sie zu tun habe, sollte ihre Herrin nicht binnen drei Tagen von ihrer Mission zurückkehren. In dem Fall sollte Ninschubura in die Halle der Götter gehen und dort die Totenklage anstimmen. Anschließend solle sie sich in die Stadt Nippur begeben und dort Enlil, den Gott des Windes bitten, Inanna vor dem Tod in der Unterwelt zu bewahren.

Doch was, wenn Enlil seine Hilfe verweigern würde, wollte Ninschubura wissen. Dann, so erklärte Inanna, solle sie nach Ur reisen und Nanna, den Gott des Mondes, um denselben Gefallen bitten. Und was, fragte die besorgte Dienerin, wenn auch Nanna ihr Hilfegesuch abschlagen würde? In diesem Fall, sprach Inanna, könne ihr nur noch Enki, der Gott des Wassers, helfen. Er habe Inanna noch nie einen Wunsch verweigert. Ninschubura würde ihn in Eridu finden.

So verabschiedete sich Inanna von Ninschubura und ihrem Gemahl Dumuzi und machte sich auf den Weg zum Palast der Ereschkigal. Das göttliche Gebäude bestand ganz aus Lapislazuli, auch das mächtige Eingangstor. Im Inneren befanden sich sechs weitere Tore. Jedes von ihnen wurde von einem anderen Torwächter bewacht. Um zu Ereschkigal vorzudringen, beschloss Inanna vorzugeben, sie käme, um mit ihrer Schwester um deren jüngst verstorbenen Mann zu trauern. Energisch klopfte sie an und befahl lautstark, dass man ihr Eintritt gewähren sollte.
Doch Ereschkigal kannte ihre Schwester. Sie ahnte, was sie vorhatte, und so wies sie jeden ihrer Torwächter an, von Inanna jeweils eines ihrer Machtinsignien als Pfand einzufordern. So geschah es. Der erste Torwächter, Neti, forderte Inannas Diadem ein. So ging es weiter, bis zum siebten Tor, an dem Inanna schließlich ihr Herrschaftsgewand hinterlassen musste.

Nackt und ihrer Macht entledigt trat die Himmelsherrscherin in den Thronsaal und forderte die Totengöttin auf, ihr die Herrschaft zu übergeben. Doch Ereschkigal erschien ihrer Schwester nicht. Stattdessen schickte sie ihre Unterweltrichter vor, unheimliche Kreaturen mit tödlichen Blicken. Sie starrten Inanna an, die daraufhin wehrlos war und zusammensackte. Die Richter hingen ihren leblosen Körper an einem hohen Holzpfosten auf.

Die Dienerin Ninschubura wartete wie besprochen drei Tage ab. Dann suchte sie die drei Götter auf, die Inanna ihr genannt hatte. Tatsächlich war es nur der Wassergott Enki, der sie nicht abwies. Er erschuf zwei Kreaturen. Die eine war Kurgarra, ausgestattet mit der Nahrung des Lebens. Die andere hieß Kalatur und trug das Wasser des Lebens mit sich. Er schickte sie zu Ereschkigal mit dem Auftrag, der Göttin der Unterwelt ihr Mitgefühl für den Verlust ihres Mannes auszusprechen. Die Dankesgaben, die sie ihnen ohne Zweifel anbieten würde, sollten sie aber nicht annehmen und stattdessen um die Herausgabe von Inannas Leichnam bitten.

Genau so gingen Kurgarra und Kalatur vor. Ereschkigal willigte ein, ihnen die tote Inanna zu übergeben, doch die Unterweltrichter verfügten, dass zur Erhaltung der Ordnung in der Unterwelt ein Ersatz herbeigeschafft werden sollte. Inanna selbst sollte nach ihrer Wiederbelebung entscheiden, wer dieser Ersatz sein sollte.

Die auf diese Weise von den Toten auferstandene, doch gedemütigte Inanna verbrachte ihre Rückreise damit, im ganzen Land nach einer Person zu suchen, die an ihrer Stelle sterben und in die Unterwelt fahren würde, konnte sich jedoch nicht entscheiden.

Zu Hause angekommen stellte sie fest, dass ihr Gatte Dumuzi voller Freude über das Ableben seiner Frau war und sich bereits königlich gekleidet hatte, um über den Himmel zu herrschen. Da wusste Inanna, wie sie sich entscheiden würde.

DAS STERNBILD WAAGE

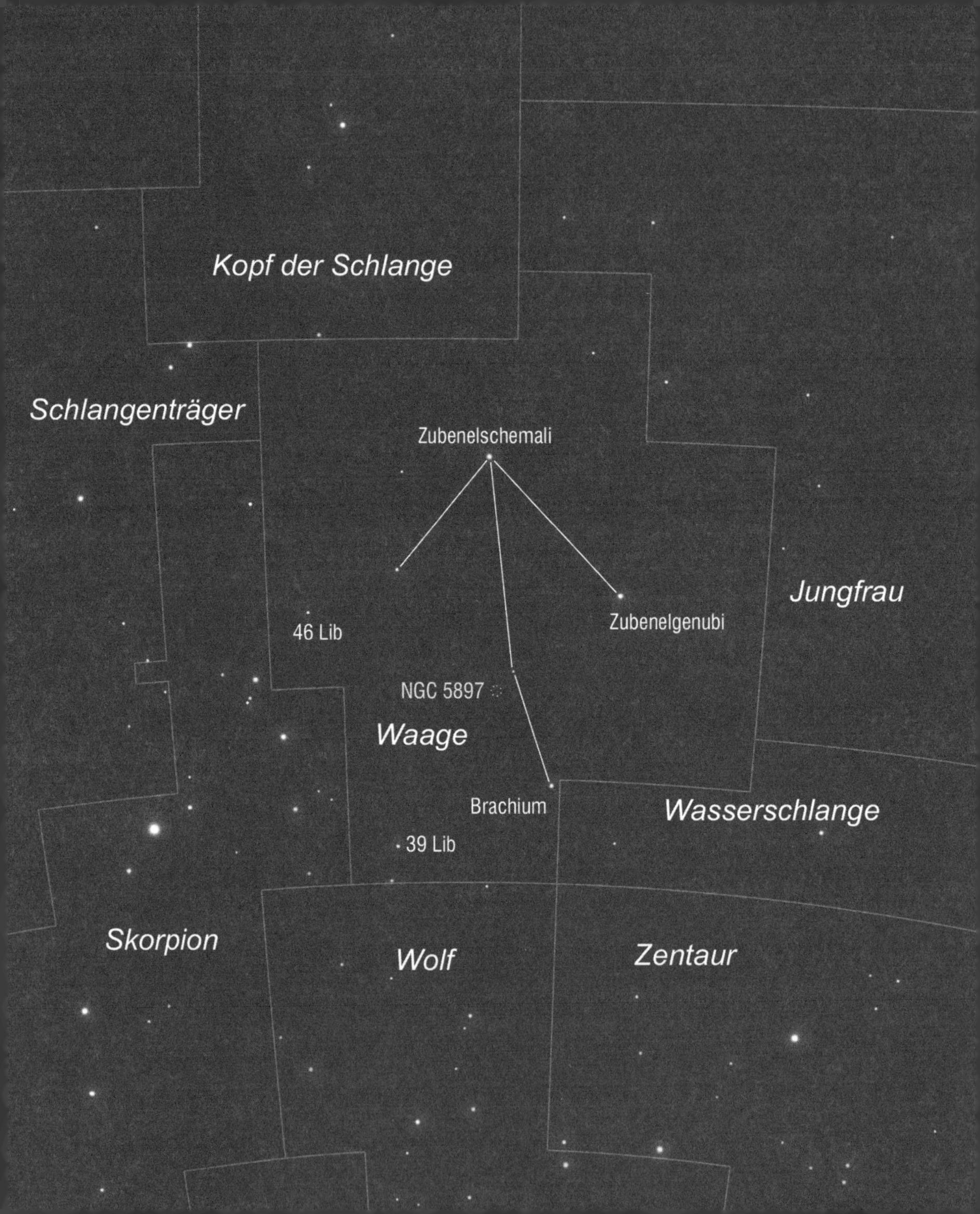
Kopf der Schlange
Schlangenträger
Zubenelschemali
Jungfrau
Zubenelgenubi
46 Lib
NGC 5897
Waage
Brachium
Wasserschlange
39 Lib
Skorpion
Wolf
Zentaur

DAS STERNBILD WAAGE IM DATENBLATT

Deutscher Name	**Waage**
Lateinischer Name	**Libra**
Genitiv des lat. Namens	**Librae**
Abkürzung	**Lib**
Tierkreissymbol	♎
Sonnendurchlauf des Sternbilds	**31.10. – 23.11.**
Sonnendurchlauf in der Astrologie	**24.09. – 23.10.**
Ausdehnung am Himmel	**538 $(°)^2$**
Größenrang unter allen Sternbildern	**29 von 88**
Größenrang unter den Tierkreissternbildern	**8 von 13**
Beste Sichtbarkeit am Abendhimmel	**Juni**
Beste Sichtbarkeit am Morgenhimmel	**März**
Typische Jahreszeit zur Beobachtung	**Sommer**
Element in der Astrologie	**Luft**
Haus in der Astrologie	**7.**
Geschlecht in der Astrologie	**männlich**
Zugeordnete Gottheit in der Astrologie	**Venus (Aphrodite), Göttin der Liebe**

STERNENREGION

Das astronomische Sternbild Waage befindet sich zwischen den Sternbildern Jungfrau, dem es nachfolgt, und dem Skorpion, dem es vorauseilt. Im Norden grenzt es an die Schlange. Südlich von ihm befindet sich das Sternbild Wolf. Der Waage befindet sich südlich des Himmelsäquators. Dadurch erreicht sie selbst zur besten Zeit im Sommer keine große Höhe am Himmel. Hinzu kommt, dass sie nicht sehr ausgedehnt ist und nur aus schwachen Sternen besteht. Die kurzen Nächte im Sommer erschweren obendrein die Beobachtung. Um die Waage zu erkennen und nachzuvollziehen, bedarf es unbedingt einer dunklen, mondlosen Nacht fernab künstlicher Lichtquellen.

HELLSTE STERNE

Name		Größe	Farbe	Entfernung	Bedeutung des Namens
Zubenelschemali	β Lib	3.	Blau-grün	120 LJ	Arabisch: Nördliche Klaue (Skorpion)
Zubenelgenubi	α Lib	3.	weiß	77 LJ	Arabisch: Südliche Klaue (Skorpion)
Brachium	σ Lib	3.	rot	292 LJ	Lateinisch: Arm (Waage)
39 Librae	υ Lib	4.	x	000 LJ	Stern ohne Eigenname
46 Librae	θ Lib	4.	orange	120 LJ	Stern ohne Eigenname

INTERESSANTE OBJEKTE

Im astronomischen Sternbild Waage befinden sich keine auffälligen Himmelsobjekte. Es gelingt erst mit einem Teleskop, Objekte wie den Kugelsternhaufen NGC 5897 zu erkennen. Der Dunkelnebel LDN 134 bleibt Astrofotografen mit lange belichteten Aufnahmen vorbehalten.

Tierkreissymbol

♎ Das astrologische Symbol des Tierkreiszeichens Waage ist eine stark abstrahierte Darstellung einer altertümlichen Schalenwaage.

Menschen, die im Sternzeichen Waage geboren wurden, werden in der Astrologie die folgenden Eigenschaften zugeordnet: Gerechtigkeit, Harmoniebedürfnis, Ruhe, Optimismus, Diplomatie, Kommunikationsstärke, Pünktlichkeit, Höflichkeit, Entscheidungsschwäche, Eitelkeit, Konfliktscheue, Oberflächlichkeit.

Geschichte

Über das Sternbild Waage, oder genauer: Das Sternenareal, dass wir heute als Sternbild Waage betrachten, gibt es unterschiedliche historische Aussagen. Zum einen heißt es, dass bereits die Sumerer an der Stelle ein Sternbild Waage kannten, das sie deshalb so nannten, weil zum Zeitpunkt seines Sonnendurchlaufs die Steuern eingetrieben wurden. Dies geschah in Form von Naturalien, die mit einer Balkenwaage abgewogen wurden.

Auf der anderen Seite lesen wir, dass die Konstellation Waage offiziell erst 100 n. u. Z. von den Römern eingeführt wurde. Dort stellte sie die goldene Schalenwaage der Gerechtigkeitsgöttin dar, deren Name Astraea war. Sie selbst wurde von den Römern im Sternbild Jungfrau gesehen.

Die Sterne, die fortan zur Waage gehörten, zählten davor zum Sternbild Skorpion, was man an den arabischen Eigennamen der beiden hellsten Sterne noch gut erkennen kann. Es ist nämlich arabischen Wissenschaftlern jener Zeit zu verdanken, dass wir überhaupt noch irgendwelche Kenntnis hierüber haben, denn die antiken Schriften wurden von den durchweg fanatischen Anführern des erstarkenden Christentums als unheilig und sündig eingestuft und vernichtet. In der arabischen Welt konnten jedoch einige Werke in Sicherheit gebracht werden und die dunkelsten Jahrhunderte überstehen.

Wir müssen uns bei dieser Thematik stets darüber im Klaren sein, dass die präzise Festlegung der Sternbildgrenzen erst im Jahr 1928 durch die Internationale Astronomische Union (IAU) erfolgte. Davor gab es nur fließende Übergänge zwischen den bildhaften Darstellungen, und für viele Sterne gab es keine weiträumige Konvention darüber, zu welchen Sternbildern sie gehörten.

Die Sage von der Waage

Die Hauptfigur der Geschichte ist Astraea, eine Tochter des Götterkönigs Jupiter. Es ist die römische Variante zur Entstehung des Sternbilds Jungfrau. Die Waage selbst stellt in der Erzählung nur ein kleines Detail dar. Die folgende Geschichte basiert auf dieser Sage.

Die Götter hatten es sich zur Aufgabe gemacht, die Sterblichen zu beschützen. Doch die Menschen waren schamlos geworden. Sie respektierten weder einander noch die Götter. Sie legten Wert weder auf ihre Familien noch auf Gastfreundschaft, und sie hatten keine Achtung vor dem Gesetz und der Gerechtigkeit. Daher wendeten sich die Götter nach und nach von ihnen ab.

Nachdem auch schließlich Jupiter der Erde den Rücken zugewandt hatte, versank die Welt der Sterblichen in Anarchie. Rücksichtslosigkeit und Egoismus, durchgesetzt vermittelst Gewalttaten, beschleunigten den Verfall der Menschenwelt. Ströme von Blut ergossen sich über die Klippen ins Meer.

Jupiter war der höchste aller Götter. Er und seine Gemahlin Juno waren die Eltern vieler anderer einflussreicher Gottheiten. Und doch hielt Jupiter es nicht sehr mit der Treue. So gab es andere Göttinnen, die er liebte und mit denen er Nachkommen zeugte. Eine von ihnen war Themis, die Göttin der Gerechtigkeit. Mit ihr hatte er eine Tochter, die junge Göttin Astraea. Sie war ein wunderschönes Geschöpf voller Reinheit, unberührt und mit einem tiefen Sehnen nach Güte und Rechtschaffenheit in der Welt.

Als die Götter sich von der Erde fortbegaben, wandte Astraea sich noch einmal um und sah, welches Leid die Menschen über sich brachten. Da musste sie weinen. Sie entschwebte nicht länger mit der Götterschar, sondern sank zurück zur Erde. Mit ihrem flatternden, weiß leuchtenden Gewand stand sie über der Landschaft, und sie sang. All ihre Vorstellungen von gerechtem Verhalten, von guten Sitten und respektvollem Miteinander formulierte sie zu Strophen. Ihre liebliche Stimme klang durch die Bergtäler, über die Felder, durch Städte und Dörfer bis an die Küsten.

Und überall, wo die Sterblichen ihr Lied vernahmen, hielten sie inne und sahen zum Himmel. Sie stießen sich an und deuteten auf die schöne Astraea. Sie hörten ihr zu, und viele von ihnen weinten.
Da drehten sich auch die anderen Götter um und sahen hinab auf die Erde. Jupiter lächelte gerührt, als er erkannte, was seine Tochter in diesem Moment bewirkte. Er ordnete an, dass alle Götter wieder zurückkehren und ihre Aufgaben übernehmen sollten.

Astraea aber lobte er. Er nahm sie in den Arm und drückte sie an sich. Dann sprach er zu ihr, dass sie ab sofort die Nachfolge ihrer Mutter antreten sollte. So wurde Astraea zur Göttin der Gerechtigkeit. Jupiter erschuf eine goldene Waage und übergab sie seiner Tochter. Damit, so beschloss er, sollte Astraea künftig die Seelen der verstorbenen Menschen wiegen und auf diese Weise feststellen, ob sie voller Liebe seien oder ganz leer vor Hass. Dem entsprechend würde Jupiter sie entweder belohnen oder bestrafen. Damit Astraea die Seelen nicht nach Augenschein beurteilte, sondern sich nur auf die Waage verließ, bekam sie von ihrem Vater außerdem eine Augenbinde, die sie bei ihrer Arbeit aufsetzen musste.

Jupiter kannte seine Tochter sehr gut. In ihr steckte so viel Güte, dass er befürchten musste, dass Astraea ihre Urteile selbst bei Schwerverbrechern zu milde fällen würde. Er übergab ihr daher zusätzlich ein goldenes Schwert. Diese Waffe sollte ihr stets ins Bewusstsein rufen, dass für die dunkelsten Seelen auch eine harte Strafe fällig ist. Ihr Auftrag, so erklärte Jupiter ihr, sei die Durchsetzung von Gerechtigkeit, und genau so sollten die Sterblichen Astraea nennen: Justitia.

Astraea erfüllte ihre Aufgabe gewissenhaft. Und sie blieb für alle Zeiten jungfräulich. So bekam sie letztendlich einen Platz am Sternenhimmel zugewiesen, und gleich neben ihr, zu ihren Füßen, erhielt auch ihre goldene Waage einen Platz.

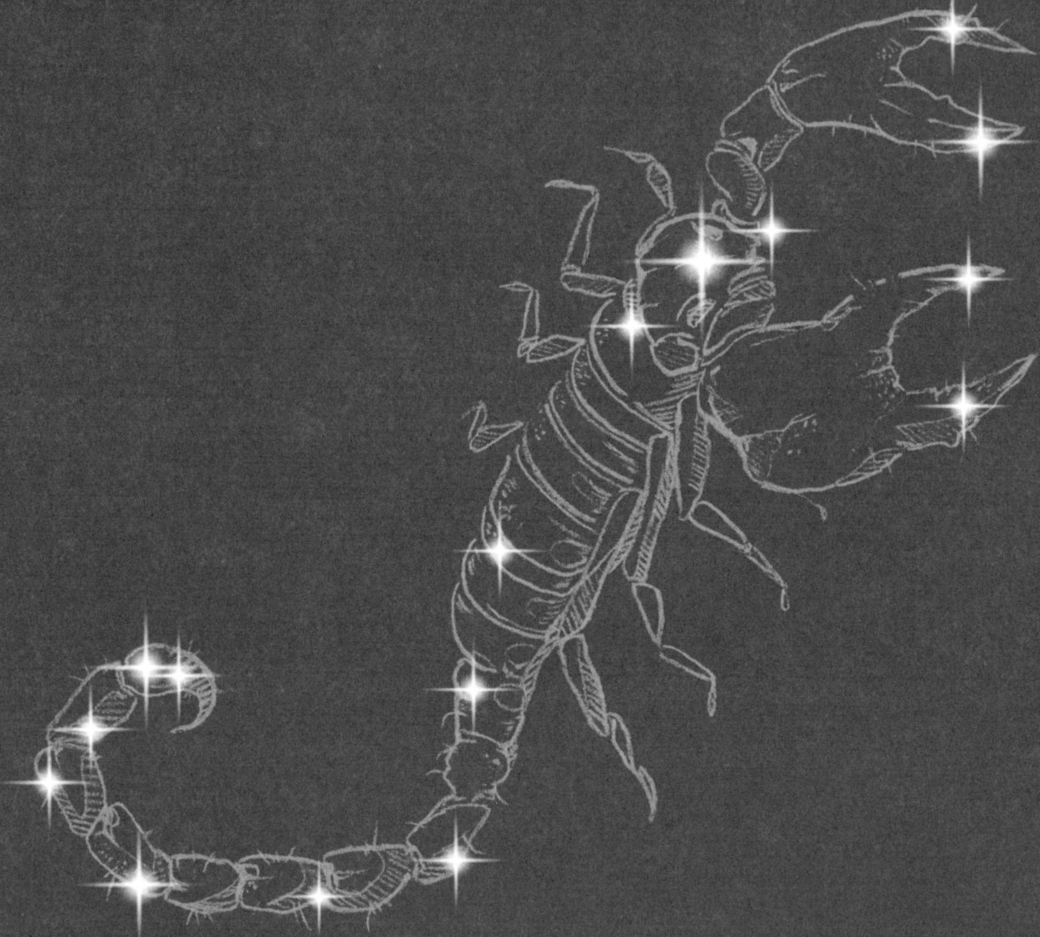

DAS STERNBILD SKORPION

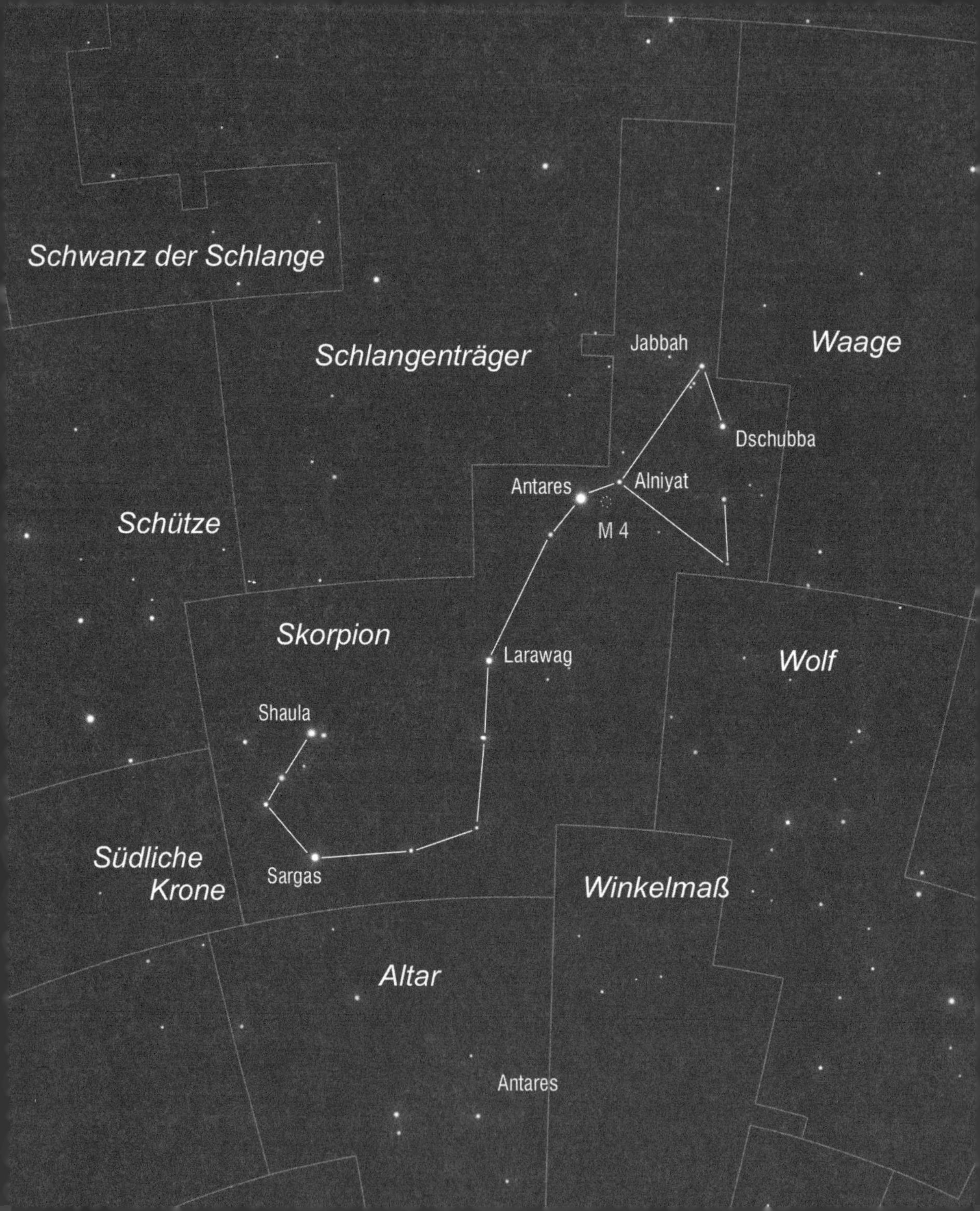

Schwanz der Schlange
Schlangenträger
Jabbah
Waage
Dschubba
Antares
Alniyat
M 4
Schütze
Skorpion
Larawag
Wolf
Shaula
Südliche
Krone
Sargas
Winkelmaß
Altar
Antares

DAS STERNBILD SKORPION IM DATENBLATT

Deutscher Name	**Skorpion**
Lateinischer Name	**Scorpius**
Genitiv des lat. Namens	**Scorpii**
Abkürzung	**Sco**
Tierkreissymbol	♏
Sonnendurchlauf des Sternbilds	**23.11. – 30.11.**
Sonnendurchlauf in der Astrologie	**24.10. – 22.11.**
Ausdehnung am Himmel	**497 $(°)^2$**
Größenrang unter allen Sternbildern	**33 von 88**
Größenrang unter den Tierkreissternbildern	**11 von 13**
Beste Sichtbarkeit am Abendhimmel	**Juli**
Beste Sichtbarkeit am Morgenhimmel	**April**
Typische Jahreszeit zur Beobachtung	**Sommer**
Element in der Astrologie	**Wasser**
Haus in der Astrologie	**8.**
Geschlecht in der Astrologie	**weiblich**
Zugeordnete Gottheit in der Astrologie	**Pluto (Hades), Gott der Unterwelt**

Sternenregion

Das astronomische Sternbild Skorpion befindet sich zwischen den Sternbildern Waage und Wolf, denen es nachfolgt, und dem Schlangenträger, dem es vorauseilt. Im Norden grenzt es außerdem an die Schlange. Südlich von ihm befinden sich die Sternbilder Altar und Winkelmaß. Der Skorpion befindet sich südlich des Himmelsäquators. Dadurch erreicht er selbst in Sommernächten, die seine günstigste Sichtbarkeit bieten, nur eine geringe Höhe über dem Südhorizont. In Mitteleuropa kommt er noch nicht einmal ganz über den Horizont, sodass sein „Schwanz" unbeobachtbar bleibt. Der Kopf des Skorpions mit dem hellen Stern Antares ist dafür leicht zu finden und auch recht einprägsam, wohingegen zum Erkennen der „Scheren" schon etwas mehr Dunkelheit nötig ist.

HELLSTE STERNE

Name		Größe	Farbe	Entfernung	Bedeutung des Namens
Antares	α Sco	1.	rot	604 LJ	Griechisch: Gegenmars
Shaula	λ Sco	2.	blau	703 LJ	Arabisch: Gehobener Schwanz
Sargas	θ Sco	2.	gelblich	272 LJ	Sumerisch: Skorpion
Larawag	ε Sco	2.	orange	64 LJ	Mythische Figur der Wardaman-Aborigines
Dschubba	δ Sco	2.	blau	42 LJ	Arabisch: Stirn (Skorpion)

Interessante Objekte

Im Skorpion, in der Region um Antares, steht der Kugelsternhaufen M4, der im Grunde noch etwas heller ist als der bekanntere M13 im Herkules. Leider steht der Skorpion für uns sehr tief, weswegen M4 leicht vom horizontnahen Dunst verschluckt wird.

Tierkreissymbol

♏ Das astrologische Symbol des Tierkreiszeichens Skorpion ist ein kleines m mit der Andeutung eines Skorpionschwanzes. Die genaue Herkunft des Zeichens ist nicht geklärt.

Menschen, die im Sternzeichen Skorpion geboren wurden, werden in der Astrologie die folgenden Eigenschaften zugeordnet: Tiefgründigkeit, Ruhe, Skepsis, Ausdauer, Unerschrockenheit, Zähigkeit, Zielstrebigkeit, Kraft, Pessimismus, Sarkasmus, Manipulierfähigkeit, Machtstreben, Offenheit, Treue, Zurückhaltung, Selbständigkeit.

Geschichte

Wie auch andere Tierkreissternbilder ist der Skorpion sehr alt. Auch sein Ursprung lässt sich bis ins alte Sumer zurückverfolgen. Die Sternenkette mit dem aufwärts gebogenen unteren Ende lädt, gerade für Bewohner arider Gebiete, zur Assoziation mit dem giftigen Gliedertier ein.

Diese bildliche Vorstellung wurde von sämtlichen nachfolgenden Kulturen übernommen: den Akkadern, den Babyloniern, den Ägyptern, und schließlich auch von den Griechen und Römern. Zu jener Zeit war der Skorpion ein flächenmäßig sehr weitspannendes Sternbild. Er trug den Beinamen „Das Große Zeichen". Die Römer schnitten später den westlichen Bereich ab und erklärten ihn zum Sternbild Waage. 1928 war es die Internationale Astronomische Union (IAU), die den nördlichen Teil des Skorpions dem Schlangenträger zuordnete. Erst dadurch rückte der Schlangenträger astronomisch zu den Tierkreissternbildern nach. Schließlich sind erst durch die Festlegung der IAU die klar definierten Sternbildgrenzen entstanden. Davor gab es zwar im Großen und Ganzen Einigkeit über die Anordnung der Sternbilder, nicht jedoch darüber, wo das eine Sternbild endet und das andere anfängt.

Die Astrologie hatte keinen Grund, der Vorgabe der wissenschaftlich arbeitenden Astronomie zu folgen. Aus ihrer Sicht blieb es bei den 12 klassischen Tierkreiszeichen, die ohnehin nicht nach den Sternbildern orientiert sind, sondern lediglich deren Namen tragen. Gegenstand aller astrologischen Berechnungen sind weniger die Sterne als vielmehr die Positionen der Sonne, des Mondes und der Planeten relativ zur Erde.

DIE SAGE VOM SKORPION

Mythologisch ist der Skorpion ganz eng an die Sage vom Jäger Orion geknüpft. Orion war alles andere als eine liebenswürdige Person. Als Sohn des Meeresgottes Poseidon war er stark, schnell, ausgesprochen geschickt bei der Jagd und, wie nicht anders zu erwarten, von äußerst attraktiver Erscheinung. Zudem war er ein Angeber und ein Sexprotz, der Frauen nachstellte und sich seine Befriedigung bisweilen auch ohne deren Einverständnis verschaffte. Mit diesem verbrecherischen Verhalten lud er bald den Zorn der Götter auf sich, was schließlich sein unrühmliches Ende besiegelte.

Seine Schnelligkeit verhalf Orion zu seinem Ruf als bester Jäger der Welt. Zwar verfügte er auch über Waffen wie Bogen und Keule, sowie über zwei Jagdhunde, doch am erfolgreichsten war er stets, wenn er selbst seine Beine in die Hand nahm und den Tieren hinterhersprintete. Wenn er seine fliehende Beute auf diese Weise eingeholt hatte, holte er aus und erschlug sie mit seiner Keule.

Um sich vorzustellen, welches Tempo Orion im Lauf zu erreichen vermochte, sei erwähnt, dass er im vollen Sprint sogar über Gewässer rennen konnte ohne zu versinken.

Niemand war schneller als er, nicht einmal Herkules oder Perseus mit den Flügelsandalen des Hermes.

Aus diesem Grund rief König Oinopion Orion auf die Insel Chios. Dort hausten wilde, gefräßige Untiere, die die Bauern in Angst und Schrecken versetzten. Orion versprach dem König, sich um die Angelegenheit zu kümmern und begab sich auf die Jagd.

Während der Pirsch bemerkte Orion, dass er nicht der einzige war, der den Untieren nachstellte. Unweit von ihm streifte noch jemand durch das Gestrüpp und hielt Pfeil und Bogen in Bereitschaft. War er womöglich nicht der einzige Jäger, den der König beauftragt hatte?

Orion beschleunigte seine Schritte, um den Nebenbuhler einzuholen. Als er ihn stellte, staunte er nicht schlecht. Die fragliche Person war eine junge Frau. Und wie schön sie war! Sie trug ein weißes, schulterfreies Gewand. Ihre makellose Haut leuchtete blass. Ihr langes Haar hatte sie zum Teil rings um ihren Kopf geflochten. Orion blieb vor ihr stehen. Sofort kam ein Gefühl des Begehrens in ihm auf.
Als die junge Frau ihn erblickte und das Verlangen des schönen Mannes erkannte, senkte sie ihren silbernen Bogen und lächelte verlegen. Sie nahm den silbernen Pfeil von der Sehne und steckte ihn zurück in ihren Köcher.

Wer bist Du, wollte Orion von ihr wissen. Erkennt Ihr mich nicht, fragte die schöne Frau, worauf Orion wortlos den Kopf schüttelte. Sie sprach, ich bin Artemis, und ich beobachte Euch schon länger. Das schüchterne Lächeln der Jagdgöttin erregte Orion unbeschreiblich. Er trat an sie heran, fasste sie um die Taille und drückte sie an sich. Bevor er sie küssen konnte, wandte Artemis sich geschickt aus seiner Umklammerung und wich zurück. Was fällt Euch ein, schalt sie den Jäger, so leicht gewinnt Ihr mich nicht. Artemis spürte die Hingezogenheit zu Orion in ihrem Schoß. Sie schämte sich, hüllte sich in ein helles Licht und entschwand hinauf zu den Wolken. Orion ertrug die Zurückweisung nicht. In wilder Hast fuhr er kreuz und quer über die Insel und erschlug alle Untiere. Doch das konnte seine gekränkte Eitelkeit nicht heilen. Zurück im Palast berichtete er König Oinopion, dass er den Auftrag erfüllt hatte. Oinopion bot ihm aus Dankbarkeit seine Gastfreundschaft an. Seinen Aufenthalt nutzte Orion, um die Prinzessin Merope in ihren Gemächern aufzusuchen. Als auch sie sich gegen die Avancen Orions wehrte, nahm er sie gegen ihren Willen.

Im Olymp spürte Artemis das Verbrechen, das soeben auf der Erde geschehen war. Sie konnte nicht fassen, wem sie sich dort um ein Haar hingegeben hatte. Sie entschied, dass diese Tat bestraft werden musste und bat Hera, die Königin des Himmels, einen großen Skorpion zu erschaffen, der Orion nach dem Leben trachten sollte. Diesem einen Tier sollte der Jäger unterlegen sein!

So geschah es. Orion kämpfte tagelang gegen das wilde Tier, das wieder und wieder mit seinem giftigen Stachel nach ihm peitschte und mit seinen Scheren schnappe. Er spürte, wie seine Ausdauer ihn langsam verließ. In seiner Verzweiflung sprang er hoch und zertrampelte den Skorpion. Doch im selben Moment hatte dieser seinem Gegner in die Ferse gestochen. Orion brach zusammen. Er spürte, wie sich das kalte Gift in seinem Körper ausbreitete und ihn mehr und mehr lähmte. Nach langem Todeskampf erstickte er mit einem leisen, pfeifenden Röcheln.

Hera aber ordnete an, dass Orion für alle Zeiten vor dem Skorpion fliehen musste. So versetzte sie beide an entgegengesetzte Stellen an den Himmel.

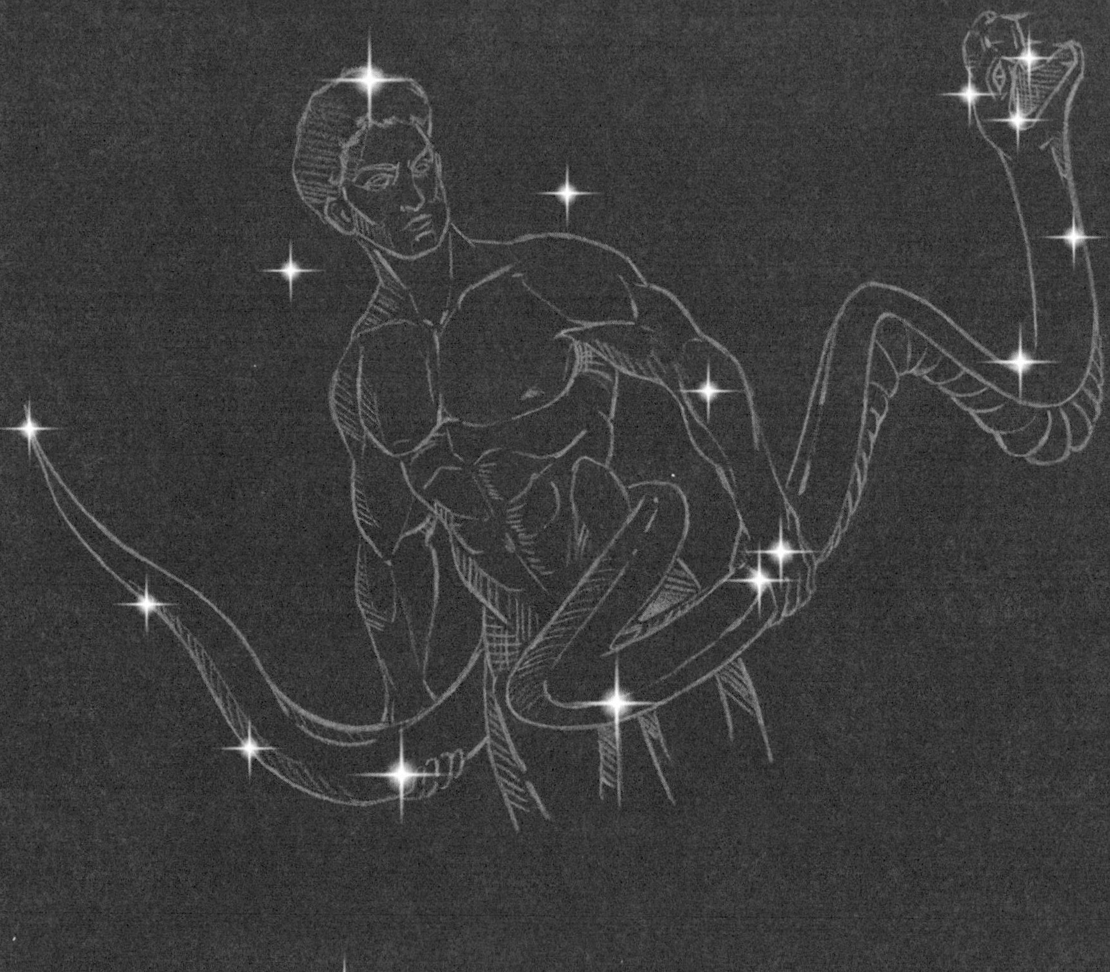

DAS STERNBILD SCHLANGENTRÄGER

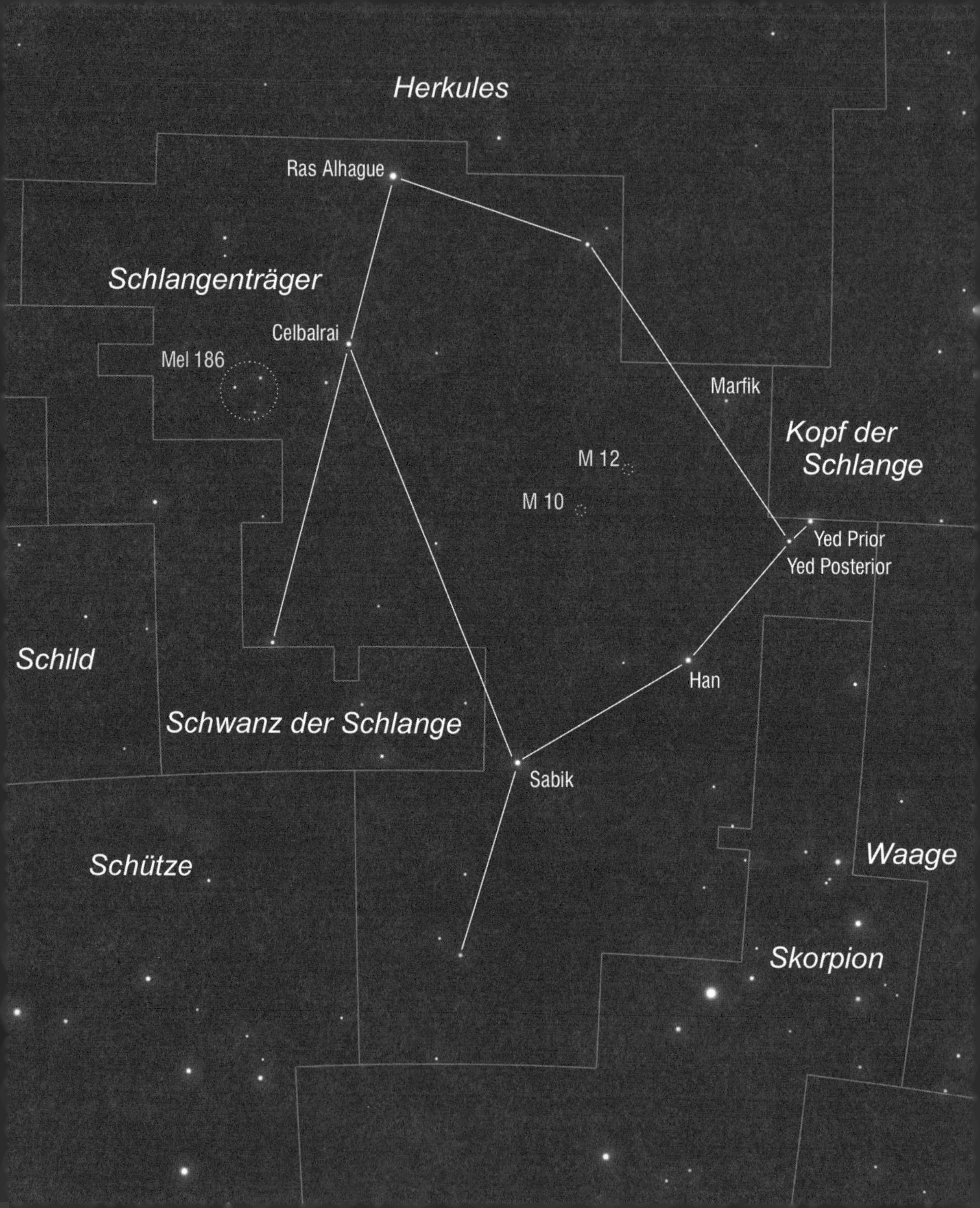

Herkules
Ras Alhague
Schlangenträger
Celbalrai
Mel 186
Marfik
Kopf der Schlange
M 12
M 10
Yed Prior
Yed Posterior
Schild
Han
Schwanz der Schlange
Sabik
Schütze
Waage
Skorpion

DAS STERNBILD SCHLANGENTRÄGER IM DATENBLATT

Deutscher Name	**Schlangenträger**
Lateinischer Name	**Ophiuchus**
Genitiv des lat. Namens	**Ophiuchi**
Abkürzung	**Oph**
Tierkreissymbol	⛎
Sonnendurchlauf des Sternbilds	**30.11. – 18.12.**
Sonnendurchlauf in der Astrologie	–
Ausdehnung am Himmel	**948 $(°)^2$**
Größenrang unter allen Sternbildern	**11 von 88**
Größenrang unter den Tierkreissternbildern	**3 von 13**
Beste Sichtbarkeit am Abendhimmel	**Juli**
Beste Sichtbarkeit am Morgenhimmel	**April**
Typische Jahreszeit zur Beobachtung	**Sommer**
Element in der Astrologie	–
Haus in der Astrologie	–
Geschlecht in der Astrologie	–
Zugeordnete Gottheit in der Astrologie	–

STERNENREGION

Das astronomische Sternbild Schlangenträger befindet sich zwischen den Sternbildern Skorpion, dem es nachfolgt, und dem Schützen, dem es vorauseilt. Im Norden grenzt es im Uhrzeigersinn an Waage, Kopf der Schlange, Herkules, Adler, Schwanz der Schlange und Schild. Südlich von ihm befindet sich das Sternbild Skorpion. Der Schlangenträger liegt auf dem Himmelsäquator, mit dem größeren Teil südlich davon. Er ist also im Süden in mittlerer Höhe zu beobachten, am besten im Sommer und Frühherbst. Der Schlangenträger ist ein ausgedehntes Sternbild mit wenigen hellen Sternen. Es ist, einmal erkannt, jedoch eine einprägsame Konstellation, wenngleich ein dunkler Himmel hilfreich ist und spätestens erforderlich ist, möchte man das gesamte Sternbild samt Schlange erfassen.

HELLSTE STERNE

Name		Größe	Farbe	Entfernung	Bedeutung des Namens
Ras Alhague	α Oph	2.	weiß	47 LJ	Arabisch: Kopf der Schlange
Sabik	η Oph	2.	weiß	84 LJ	Arabisch: Vorausgehender
Han	ζ Oph	3.	blau	458 LJ	Chinesisch: den Fluss Han bezeichnend
Yed Prior	δ Oph	3.	rot	170 LJ	Arabisch: vordere Hand
Celbalrai	β Oph	3.	orange	82 LJ	Arabisch für Hirtenhund

INTERESSANTE OBJEKTE

Mit bloßem Auge können im oberen linken Bereich des Himmelareals den Sternhaufen Melotte 186 (Mel 186) sehen. Objekte für ein größeres Fernglas oder ein kleines Teleskop sind die zahlreichen Kugelsternhaufen, von denen die beiden auffälligsten M10 und M12 (aus dem Messier-Katalog) sind.

Tierkreissymbol

Das astrologische Symbol des Tierkreiszeichens Schlangenträger ist ein großes U mit einer stilisierten Schlange mittendurch.

Der Schlangenträger als Sternzeichen taucht in der klassischen Astrologie nicht auf. Die Astrologen lehnen es mehrheitlich ab, ihn in den Zodiak mit aufzunehmen, sodass es derzeit offiziell keine Charaktereigenschaften gibt, die speziell für den Schlangenträger stehen. Es gelten für ihn damit weiterhin dieselben Eigenschaften wie für den Skorpion. Es gibt aber auch Astrologen, die versuchen, den Schlangenträger mit eigenen Wesenszügen in die Sterndeutungslehre einzupflegen.

Geschichte

Das Gebiet des Schlangenträgers war bereits im Zweistromland vor 5.000 Jahren mythologisch interessant. Die Babylonier sahen hier ihren Gott Marduk, der mit seiner Mutter, der Schöpfergöttin Tiamat, kämpft. Die hatte sich für den Kampf in eine Schlange verwandelt. Marduk aber hatte sie in zwei Teile gerissen, und in der darauf aufbauenden Triumphpose Marduks muss man sich die Figur in etwa vorstellen.

Seitdem gehörte das Sternbild zu den 48 klassischen Sternbildern der Antike. Die Mythen, die sich um den Schlangenträger ranken, sind entsprechend vielfältig. Seinen konkreten Namen erhielt er relativ spät. Die Griechen nannten ihn Ophiuchos, die Römer Serpentarius. Beides bedeutet Schlangenträger. Für die wissenschaftliche Bezeichnung wurde die latinisierte Form der griechischen Version gewählt: Ophiuchus.

Der Schlangenträger ist einer der Zankäpfel zwischen Astronomen und Astrologen, da er als 13. astronomisches Tierkreissternbild auf der Ekliptik liegt und folglich von der

Sonne, dem Mond und den Planeten durchwandert wird, dies jedoch in der Astrologie keine Berücksichtigung findet. Letzteres ist jedoch nicht verwunderlich, da die genauen Sternbildgrenzen erst seit etwa 100 Jahren existieren. Im Jahr 1928 wurden sie festgelegt. Davor waren deren Übergänge uneindeutig, und der südliche Bereich des Schlangenträgers wurden dem Skorpion zugerechnet.

Wie sollte eine Übernahme in den astrologischen Tierkreis zudem aussehen? Sollte man die Ekliptik nun in 13 statt 12 gleiche Bereiche separieren? Damit würden sich die Häuser verkleinern und für Millionen von Menschen änderten sich ihre Sternzeichen und Horoskope. Oder sollte man nur den Skorpion unterteilen und einen Bereich Schlangenträger nennen? Dann gäbe es zwei kleine Häuser und 11 gleichgroße im Sinne der 30°-Einteilung. Aber da sich die Sternzeichen gar nicht nach den Sternbildern richten, wo sollte diese Trennung dann liegen? Dort herrscht bis heute keine Einigkeit.

Wenn wir heute in Richtung der Sterne des Schlangenträgers blicken, so schauen wir zwangsläufig der Raumsonde Voyager 1 hinterher. Sie ist jedoch schon so weit entfernt, dass es selbst mit großen Teleskopen nicht gelingen würde, etwas von ihr zu erkennen.

Die Sage vom Schlangenträger

Auch wenn der Schlangenträger nur ein Tierkreissternbild und kein Tierkreiszeichen ist, so gibt es dennoch eine mythologische Erzählung über ihn.

Die Geschichte beginnt mit Apollo, einem der berühmtesten griechischen Gottheiten überhaupt. Er gilt als Gott des Lichts, der den Frühling bringt, doch diese Bezeichnung für sich allein wird seinen zahlreichen Attributen nicht gerecht. Von seinem blendenden Aussehen einmal abgesehen, galt er auch als Gott der Weissagung. Da verwundert es nicht, dass ihm die Orakelstätte von Delphi geweiht war. Außerdem war er der Gott der Künste, und hier ganz besonders der Musik und der Poesie. Damit nicht genug, wurde er zudem als Gott der Medizin verehrt, und für Bogenschützen war er der oberste Schutzpatron.

Zeitweise wurde Apollo sogar mit dem Sonnengott Helios gleichgesetzt. Daher rührt die bildliche Darstellung Apollos, wie er mit seinem goldenen Streitwagen über den Himmel reitet, entsprechend dem täglichen Lauf der Sonne.

Zwei Eigenschaften, für die Apollo als Gottheit stand, die sittliche Reinheit und die Mäßigung, nahm dieser „Strahlemann" jedoch nicht so ernst. Denn es war so, dass Apollo die Vielweiberei schätzte und dementsprechend viele Frauen, Göttinnen wie Sterbliche, zu seinem Vergnügen liebte.

Eine seiner Liebschaften war Koronis, die Tochter des Phlegyas. Auch wenn Apollo es selbst so gar nicht mit der Treue hielt, so erwartete er diese bedingungslos von den Frauen, die sich mit ihm auf ein Verhältnis einließen. Da Apollo ahnte, dass Koronis etwas mit König Ischys am Laufen hatte, befahl er einem Raben, das Mädchen im Auge zu behalten. Raben waren zu jener Zeit wunderschöne Vögel mit schneeweißem Gefieder, die in der Welt der Götter sehr geschätzt wurden. Die Raben waren den Göttern treu ergeben, und besonders Apollo schätzte sie für ihre Schlauheit und Gewitztheit.

Der von Apollo beauftragte Vogel gehorchte und folgte Koronis heimlich auf Schritt und Tritt, selbst dann noch, als sie in den Palast des Königs schlich. Es war kein leichter Gang für Koronis. Sie wusste längst, dass sie von Apollo schwanger war, doch sie liebte Ischys sehr. Und so verbrachte sie eine letzte Nacht mit dem König.

Der Rabe aber flog hinauf in den Himmel und berichtete Apollo, was er gesehen hatte. Der Gott geriet außer sich vor Wut. Warum hast du ihr nicht die Augen ausgehackt, schrie er den Vogel an, kann ich nicht so viel Treue von dir erwarten, dass du dieses Weib auf der Stelle bestrafst? Da! Sieh! Schwarz ist dein Gefieder nun! Schwarz sollen die Federn aller Raben von heute an sein! Kadaver sollt ihr von nun an fressen, und die Sterblichen sollen Krankheit und Tod in euch sehen!

Apollos Schwester Artemis, die Göttin der Jagd, hörte ihren Bruder toben und begab sich zu ihm. Apollo erzählte Artemis, was vorgefallen war und befahl ihr, Koronis mit einem ihrer silbernen Pfeile zu erschießen. Dies tat Artemis auch sogleich. Als Koronis Leichnam aufgebahrt wurde, erkannte Apollo, dass Koronis sein Kind im Leib trug. Dem Gott Hermes, der erschienen war, um Koronis in die Unterwelt zu führen, befahl er, das Kind herauszuschneiden und ihm zu übergeben.

Apollo nannte seinen Sohn Asklepios. Er gab ihn in die Obhut des Zentauren Cheiron, wo Asklepios aufwuchs. Cheiron war ein Meister der Heilkunst. Apollo selbst hatte ihm alles beigebracht, was es hierüber zu wissen gab. Nun war es Cheirons Aufgabe, Asklepios in die Kunst des Heilens einzuführen. Dort, wo Cheiron wohnte, gab es auch eine Schlange; eine ziemlich große Schlange mit den Ausmaßen einer heutigen Würgeschlange. Sie war eine Expertin im Auffinden und Erkennen von Heilkräutern. Asklepios freundete sich mit dem Tier an, und so kam er in den Genuss, vom Wissen zweier großer Koryphäen zu profitieren.

Nun war Asklepios als Sohn eines Gottes und einer Menschenfrau leider kein Unsterblicher. Er wuchs heran und alterte. Während er als junger Mann vor Kraft strotze und die Schlange mit Leichtigkeit in die Höhe heben konnte, musste er sich als alter Mann auf einen Stab stützen, wobei ihm nun im Gegenzug die Schlange half. Asklepios' Weisheit und seine Künste in der Behandlung Kranker waren inzwischen unübertroffen. Ungezählt waren die Menschen, denen er während ihres Lebens geholfen hatte.

Da entschied sich Apollo endlich, seinen Sohn zum Gott der Heilkunst zu machen.

DAS STERNBILD SCHÜTZE

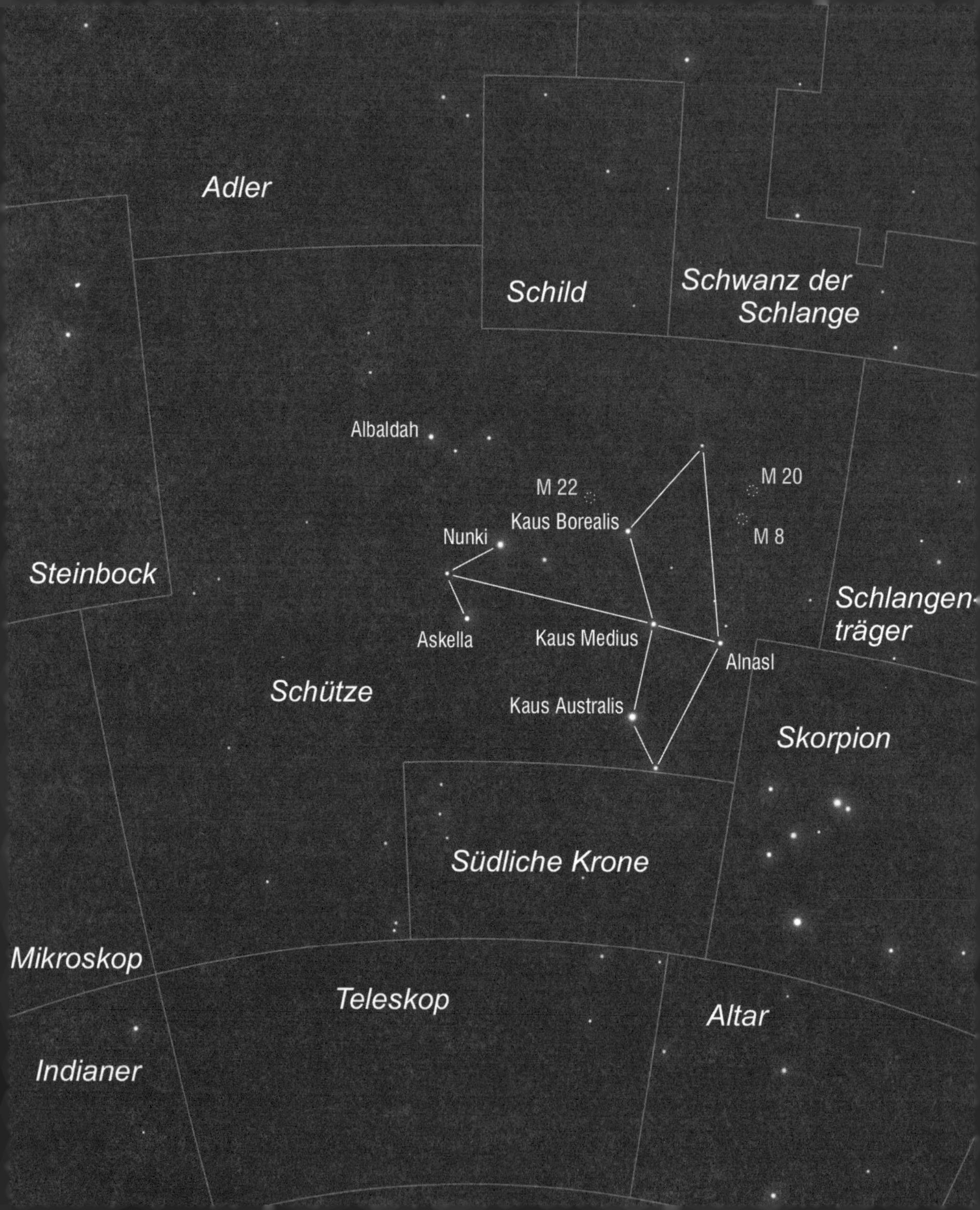

Adler
Schild
Schwanz der Schlange
Albaldah
M 22
M 20
Kaus Borealis
Nunki
M 8
Steinbock
Schlangenträger
Askella
Kaus Medius
Alnasl
Schütze
Kaus Australis
Skorpion
Südliche Krone
Mikroskop
Teleskop
Altar
Indianer

DAS STERNBILD SCHÜTZE IM DATENBLATT

Deutscher Name	**Schütze**
Lateinischer Name	**Sagittarius**
Genitiv des lat. Namens	**Sagittarii**
Abkürzung	**Sgr**
Tierkreissymbol	♐
Sonnendurchlauf des Sternbilds	**18.12. – 20.01.**
Sonnendurchlauf in der Astrologie	**23.11. – 21.12.**
Ausdehnung am Himmel	**$867\ (^\circ)^2$**
Größenrang unter allen Sternbildern	**15 von 88**
Größenrang unter den Tierkreissternbildern	**6 von 13**
Beste Sichtbarkeit am Abendhimmel	**August**
Beste Sichtbarkeit am Morgenhimmel	**Mai**
Typische Jahreszeit zur Beobachtung	**Sommer**
Element in der Astrologie	**Feuer**
Haus in der Astrologie	**9.**
Geschlecht in der Astrologie	**männlich**
Zugeordnete Gottheit in der Astrologie	**Jupiter (Zeus), höchster Gott**

Sternenregion

Das astronomische Sternbild Schütze befindet sich zwischen den Sternbildern Schlangenträger und Skorpion, denen es nachfolgt, sowie Steinbock und Mikroskop, denen es vorauseilt. Im Norden grenzt es an Adler, Schild und Schlange, im Süden an das Teleskop und die Südliche Krone. Der Schütze befindet sich weit südlich des Himmelsäquators. Dadurch erreicht er selbst an Sommerabenden keine hohe Position am Himmel, und er geht daher auch rasch unter, sodass nur wenig Zeit bleibt, ihn zu beobachten. Dabei ist der Schütze ein großes Sternbild, das aus vielen recht hellen Sternen besteht. Er wäre also sehr auffällig, wenn er eine größere Höhe über dem Horizont erreichen würde. Dies gelingt in deutlich südlicheren Breiten auf der Erde, zum Beispiel entlang des afrikanischen Kontinents.

HELLSTE STERNE

Name		Größe	Farbe	Entfernung	Bedeutung des Namens
Kaus Australis	ε Sgr	2.	blau	143 LJ	Arab./Lat.: Südlicher Bogen
Nunki	σ Sgr	2.	blau	224 LJ	Sumerisch: Göttlicher Ort auf Erden
Askella	ζ Sgr	3.	weiß	89 LJ	Lateinisch: Achsel
Kaus Medius	δ Sgr	3.	orange	350 LJ	Arab./Lat.: Mittlerer Bogen
Kaus Borealis	λ Sgr	3.	orange	78 LJ	Arab./Lat.: Nördlicher Bogen

Interessante Objekte

Im Schützen befinden sich interessante Himmelsobjekte, wie der Kugelhaufen M 22 oder die beiden Gasnebel M 8 und M 20. Außerdem liegt hier das Zentrum der Milchstraße. All dies sind bereits im Feldstecher wunderbare Anblicke, erst recht freilich im Teleskop.

Tierkreissymbol

Das astrologische Symbol des Tierkreiszeichens Schütze ist ein stark vereinfachter Ausschnitt eines Bogens mit aufgelegtem Pfeil, der schräg nach oben zielt.

Menschen, die im Sternzeichen Schütze geboren wurden, werden in der Astrologie die folgenden Eigenschaften zugeordnet: Optimismus, Aufrichtigkeit, Ehrlichkeit, Kommunikationsfähigkeit, Dynamik, Feurigkeit, Freiheitsliebe, Weltoffenheit, Wissensdurst, Eigensinnigkeit, Leichtgläubigkeit, Großspurigkeit, Vehemenz.

Geschichte

Das Sternenareal, das wir heute als Sternbild Schütze kennen, ist den Menschen im Altertum früh bekannt gewesen. Nach allem, was wir heute wissen, hatten die Sumerer ihre bildhafte Darstellung dieses Himmelsgebietes bereits von einem früheren, noch nomadisierenden Volk übernommen. Konkreter wurde das Bild bei den Babyloniern, die ihren Gott Pabilsang, den Sohn Enlils, in ihm verkörpert sahen. Pabilsang hatte einen Löwenkopf und Flügel.

Das Bild eines Reiters mit Pfeil und Bogen etablierte sich erstmalig im alten Ägypten und Indien. So gelangte es auch in den griechischen Kulturraum, wo es mehrere Abwandlungen fand. Es wurde zum Bestandteil der 48 klassischen, antiken Sternbilder des Ptolemäus. Die präzise Festlegung der Grenzen des Sternbilds Schütze geschah im Jahr 1928 durch die Internationale Astronomische Union (IAU).

Im Jahr 1932 entdeckte der Physiker und Radioingenieur Karl Guthe Jansky, dass die Milchstraße offenbar im Radiobereich strahlte. Besonders im Schützen war die Strahlung besonders stark. Diese Stelle intensiver Radiostrahlung kreiste er schließlich ein und nannte sie „Sagittarius A". Es ist die Stelle, die heute als das Zentrum unserer Galaxis bekannt ist.

Wesentlich höheres Aufsehen erzielte 1977 die Meldung, dass aus dem Sternbild Schützen möglicherweise das Signal einer außerirdischen Intelligenz aufgezeichnet worden war. Im Rahmen des SETI-Projekts (SETI = Search for Extra-Terrestrial Intelligence) wurde der Himmel mehrere Jahrzehnte lang nach außergewöhnlichen Signalen abgesucht, die vielleicht nicht natürlichen Ursprungs waren und somit auf außerirdische Zivilisationen hindeuten könnten. Der Astrophysiker Jerry Ehman entdeckte am 15. August 1977 ein solches Signal. Als er es auf den Aufzeichnungen erkannte, kreiste er es mit einem Schreibstift ein und schrieb „Wow!" daneben. Damit ging die Entdeckung unter dem Namen „Wow!-Signal" in die Forschungsgeschichte ein.

Ob es sich dabei tatsächlich um eine Botschaft einer außerirdischen Intelligenz handelte, bleibt unbestätigt. Bis heute ist dieses oder ein vergleichbares Signal nie wieder aufgetaucht.

Die Sage vom Schützen

Wir finden in den Aufzeichnungen keinen eindeutigen Hinweis darauf, welche mythologische Erzählung auf das Sternbild Schütze zutrifft. Es gibt dazu mehrere Möglichkeiten, die allesamt nur äußerst knapp überliefert sind. Eine Geschichte geht ungefähr wie folgt.

Hermes, der Götterbote, verliebte sich einst in eine der Töchter von König Dryops. Ihr Name ist leider nicht bekannt. Er kam mit der jungen Frau zusammen und schlief mit ihr. Daraufhin wurde sie schwanger. Das Kind kam missgestaltet zur Welt: Es hatte den Unterleib und die Beine eines Ziegenbocks. Der Rest seines Körpers war menschlich, doch es hatte Hörner auf dem Kopf und auch einen Bart.

Die Mutter war derart entsetzt und verängstigt über die Gestalt des Kindes, dass sie es verstieß und davonlief. Hermes aber nahm seinen Sohn an sich und nannte ihn Pan. Er brachte ihn hinauf auf den Olymp, unter die anderen Götter und hoffte darauf, dass sie ihm ein Zuhause bieten würden. Doch die Götter duldeten keine Wesen, die nicht wie sie selbst von perfekter Schönheit waren. Schließlich war ja schon Hephaistos, der Sohn des Zeus und der Hera, aufgrund seiner Behinderung aus dem Olymp verstoßen worden. Und so musste Hermes Pan wieder mitnehmen. Er brachte ihn auf die Insel Kreta, auf der vor langer Zeit schon Zeus aufgewachsen war.

Auf der Insel brauchte sich Pan seiner Gestalt nicht zu schämen. Er verbrachte sein Leben in der freien Natur, vor allem im Wald. Er freundete sich mit allen Tieren an, auch mit den Weidetieren, und beschützte sie. Dafür waren ihm die Hirten sehr dankbar. Sie achteten und preisten ihn, was ihm schließlich den Titel des Hirtengottes einbrachte. Dennoch, auch die Hirten erschraken vor Pans Gestalt und flohen, wenn er sich zeigte. Deshalb wagte Pan es nicht, sich den Menschen zu nähern. Doch er liebte es, aus der Ferne zuzusehen, wenn sie feierten. Musik und Tanz erfreuten ihn, und nur zu gerne hätte er sich gemeinsam mit den Menschen an ihrer Fröhlichkeit ergötzt.

Eines Tages verließ Pan Kreta und ging nach Arkadien. Dort, an einem Nebenfluss des Alfios, sah er die schöne Nymphe Syrinx. Zunächst wollte er sich ihr nicht zeigen, weil er wusste, dass sie sich vor ihm erschrecken würde. Doch seine Zuneigung zu ihr wuchs mehr und mehr, und schließlich ging er doch auf sie zu. Beim Anblick des Hirtengottes geriet Syrinx in fürchterliche Angst. Seitdem sprechen die Menschen von „Panik", wenn sie eine solch extreme Angst meinen. Syrinx lief weg, in Richtung des Flusses. Pan wollte ihr nichts Böses, als er sie verfolgte, doch das wusste die Nymphe nicht. In ihrer Angst sprang sie in den Fluss und flehte die Götter an, sie in ein Schilfrohr zu verwandeln. So geschah es. Als Pan den Fluss erreichte und nach Syrinx Ausschau hielt, sah er nur das Schilfrohr im Wasser stehen. Eine Brise des Windes fuhr über die Wellen und strich über das obere, offene Ende des Schilfrohrs. Es erklang ein tiefer, wunderschöner Ton, der Pans Herz erfasste und ihm ein starkes Glücksgefühl bescherte.

Langsam schritt Pan ins Wasser und nahm das Schildrohr an sich. Er schnitt es in sieben ungleich lange Stücke, band sie nebeneinander zusammen und nutzte sie so als Musikinstrument. In Form dieser Flöte trug er Syrinx immer bei sich und erfreute sich an ihren Klängen, wenn er auf ihr spielte. Später fand auch Pan sein Glück. Die Göttin Eupheme sah über sein Aussehen hinweg, weil sie seine Liebe zur Musik und zum Tanz so sehr schätzte. Sie bekamen einen Sohn, Krotos.

Krotos hatte die Gestalt eines Menschen, doch wie sein Vater wies er Hörner und einen Bart auf. Seine Hörner waren jedoch deutlich kürzer. Der Sohn von Pan und Eupheme entwickelte sich zu einem starken und geschickten Mann, der seine besonderen Fähigkeiten in der Jagd und vor allem im Bogenschießen zeigte. Doch Krotos hatte ein gutmütiges Wesen voller Sanftheit und Liebe zu den Künsten. Daher freundeten sich die Musen mit ihm an. Die meiste Zeit seines Lebens verbrachte Krotos mit den Musen. Einmal geriet er über ihr Theaterspiel so sehr in Verzückung, dass er nicht aufhören konnte, in die Hände zu klatschen. Den Musen gefiel das. Von da an baten sie alle, die ihnen bei einer Darbietung zusahen, auf diese Weise ihr Gefallen kundzutun. Krotos hatte damit unbeabsichtigt den Applaus erfunden.

Die Musen liebten Krotos, und die eine oder andere ohne Zweifel auch mal körperlich. Weil sie ihn so sehr mochten, baten sie Zeus, ihm eine besondere Ehre zuteilwerden zu lassen. Zeus beschloss, Krotos einen Platz am Himmel zu geben. Als besondere Würdigung seiner Fähigkeiten verlieh er ihm den Körper eines Zentauren, die bei den Göttern hohes Ansehen genossen, sowie den Schwanz eines Satyrn. Zu seinen Füßen legte er ihm einen Kranz aus Sternen, der auch die Südliche Krone genannt wird. In den Händen hält Krotos seinen Bogen, während er in Güte auf die Erde blickt.

DAS STERNBILD STEINBOCK

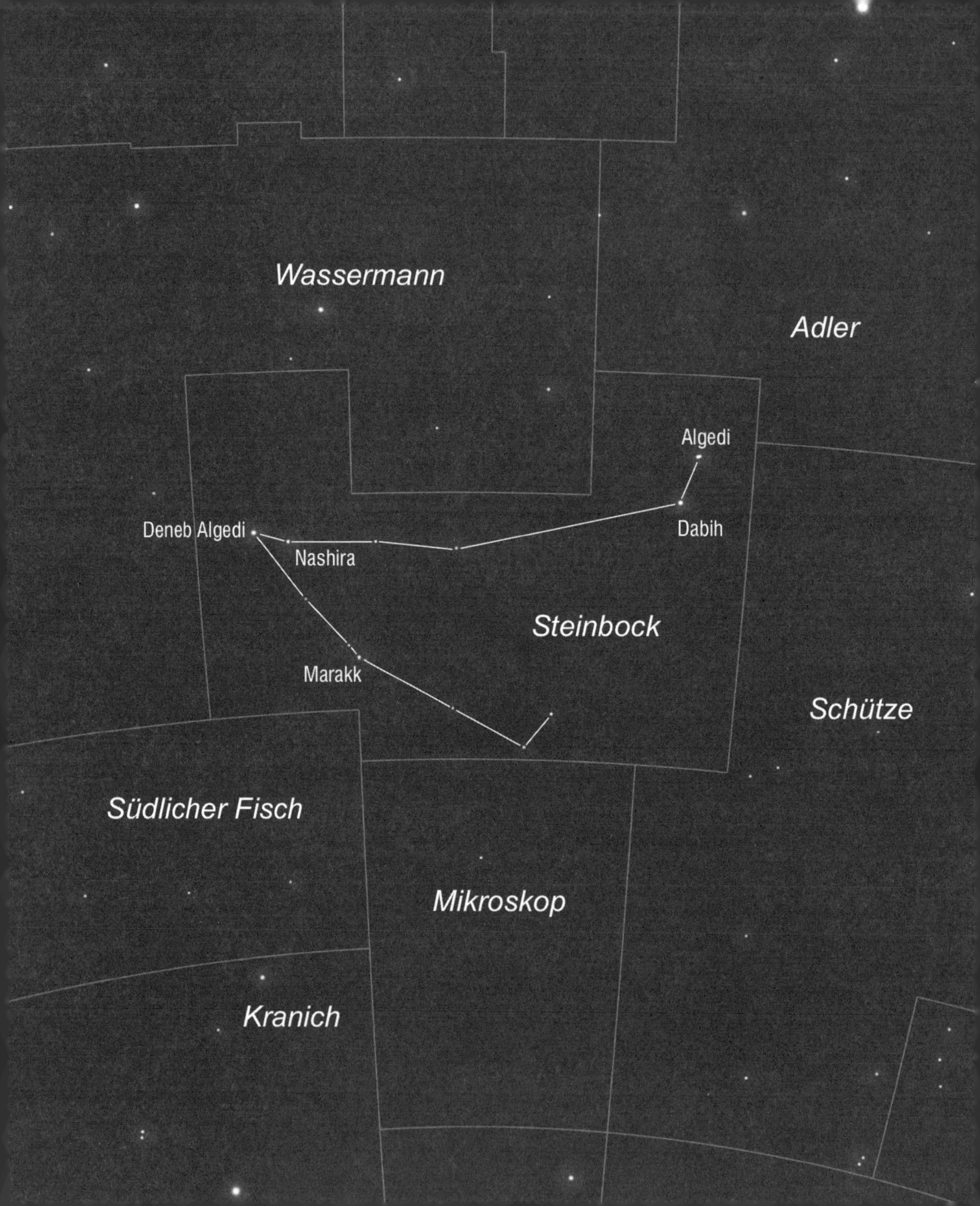
Wassermann
Adler
Algedi
Dabih
Deneb Algedi
Nashira
Steinbock
Marakk
Schütze
Südlicher Fisch
Mikroskop
Kranich

DAS STERNBILD STEINBOCK IM DATENBLATT

Deutscher Name	**Steinbock**
Lateinischer Name	**Capricornus**
Genitiv des lat. Namens	**Capricorni**
Abkürzung	**Cap**
Tierkreissymbol	♑
Sonnendurchlauf des Sternbilds	**20.01. – 16.02.**
Sonnendurchlauf in der Astrologie	**22.12. – 20.01.**
Ausdehnung am Himmel	**414 $(^{\circ})^2$**
Größenrang unter allen Sternbildern	**40 von 88**
Größenrang unter den Tierkreissternbildern	**13 von 13**
Beste Sichtbarkeit am Abendhimmel	**September**
Beste Sichtbarkeit am Morgenhimmel	**Juni**
Typische Jahreszeit zur Beobachtung	**Herbst**
Element in der Astrologie	**Erde**
Haus in der Astrologie	**10.**
Geschlecht in der Astrologie	**weiblich**
Zugeordnete Gottheit in der Astrologie	**Saturn (Chronos), Gott der Zeit**

Sternenregion

Das astronomische Sternbild Steinbock befindet sich zwischen den Sternbildern Schütze, dem es nachfolgt, und dem Wassermann, dem es vorauseilt. Im Norden grenzt es zudem an den Adler. Südlich des Steinbocks liegen die Sternbilder Mikroskop und Südlicher Fisch. Der Steinbock befindet sich südlich des Himmelsäquators. Seine Verweildauer über dem Südhorizont ist daher recht kurz. Hinzu kommt, dass die Sterne des Steinbocks allesamt leuchtschwach sind. All dies macht es schwierig, ihn am Himmel auszumachen. Es ist also von großer Wichtigkeit, unter einem wirklich dunklen Himmel zu stehen, mit dem Mond unter dem Horizont und fernab künstlicher Lichtquellen. Dann aber lässt sich der Steinbock dank der einprägsamen Anordnung seiner Sterne gut erkennen.

HELLSTE STERNE

Name		Größe	Farbe	Entfernung	Bedeutung des Namens
Deneb Algedi	δ Cap	3.	weiß	39 LJ	Arabisch: Schweif des Ziegenbocks
Dabih	β Cap	3.	gelb	388 LJ	Arabisch: Glück des Schlachters
Algedi	α Cap	4.	gelb	106 LJ	Arabisch: Ziegenbock
Nashira	γ Cap	4.	weiß	157 LJ	Arabisch: Weites Glück
Marakk	ζ Cap	4.	gelb	385 LJ	Arabisch: Weicher Teil des Bauchs

Interessante Objekte

Im Steinbock befinden sich keine auffälligen Himmelsobjekte. Es wird ein kleines Teleskop benötigt, um die zwei Kugelsternhaufen oder eine der Galaxien zu erblicken.

Tierkreissymbol

♑ Das astrologische Symbol des Tierkreiszeichens Steinbock ist in äußerst stilisierter Form der Kopf eines Ziegenbocks mit dem Schwanz eines Fisches.

Menschen, die im Sternzeichen Steinbock geboren wurden, werden in der Astrologie die folgenden Eigenschaften zugeordnet: Selbstkontrolle, Verantwortungsbewusstsein, Hartnäckigkeit, Ehrgeiz, Strategie, Realismus, Gemächlichkeit, Autorität, Pedanterie, Sturheit, nicht diskussionsfähig, Introvertiertheit, Ungeselligkeit, Unnahbarkeit.

Geschichte

Lange, bevor Claudius Ptolemäus dieses Sternbild als Steinbock in seine Liste der 48 klassischen Sternbilder aufnahm, war es den Menschen bereits ihn ähnlicher Interpretation bekannt.

So nannten die Babylonier diese Sternenformation „Ziegenfisch", eine Gestalt, vorne Ziege, hinten Fisch, die als Begleiterin des Gottes Enki beschrieben wurde. In jener Zeit lag der tiefste Punkt der Ekliptik genau hier, sprich, der Punkt der Wintersonnenwende. Der Breitengrad auf der Erde, auf dem die Sonne zu dieser Zeit senkrecht am Himmel stand, wird noch heute „Wendekreis des Steinbocks" genannt, auch wenn sich dieser Wendepunkt heute aufgrund der Präzessionsbewegung des Erdkörpers im Sternbild Schütze befindet.

Es wird vermutet, dass die Bezeichnung Ziegenfisch daher rührt, dass es schon damals an den Ufern des Roten Meeres zur Zeit um die Wintersonnenwende zum schwarmartigen Auftreten des Ziegenfisches, auch Rotmeer-Barbe genannt, kam und somit folglich zur bildhaften Interpretation des Sternenareals. Dies ist jedoch nicht gesichert.

Es waren die Römer, die das Sternbild in „Capricornus“ (Steinbock) umbenannten. Dennoch hält sich bis heute die figürliche Darstellung des antiken Mischwesens, wohl weil es einen passenden Mythos über ein ähnliches Ereignis aus der griechischen Sage gibt.

Im Jahr 1846 waren nur sieben der acht großen Planeten bekannt. Erst 65 Jahre zuvor war Uranus entdeckt worden. Dessen Abweichungen von seiner vorausberechneten Bahn waren der Anlass, aus dem der Astronom Urbain Leverrier die Position eines möglichen achten Planeten berechnete. Seine Hypothese war es, dass weiter außerhalb ein weiterer Planet kreisen musste, der Uranus mit seiner Masse beeinflusste. Am 23. September 1846 war es dann soweit. Der Astronom Johann Galle, dem Leverrier seine Daten übersandt hatte mit der Bitte, einmal im Teleskop nachzuschauen, entdeckte den neuen Planeten im Sternbild Steinbock. Er erhielt den Namen Neptun.

Die Grenzen des heutigen astronomischen Sternbilds Steinbock wurden im Jahr 1928 durch die Internationale Astronomische Union (IAU) festgesetzt.

DIE SAGE VOM STEINBOCK

Um die Geschichte nachzuvollziehen, begeben wir uns ganz an den Anfang der Welt, zumindest in der Vorstellung der alten Griechen.

Gaia, die Erde, und der Uranos, der Himmel, waren die ersten Gottheiten. Sie vereinigten sich, und Gaia gebar die Titanen, eine Generation von riesenhaften „Übergöttern“, aus denen schließlich die Olympischen Götter hervorgingen. Chronos und seine Gemahlin Rhea waren die Anführer dieses Urpantheons.

Wie in allen Dynastien spielten Machtverhältnisse auch hier eine bedeutende Rolle. Als Gaia dem Chronos voraussagte, dass eines seiner Kinder ihn eines Tages vom Thron stoßen würde, tat dieser alles dafür, dass das niemals geschehen sollte: Er verschlang jedes der Kinder, die Rhea ihm gebar. Nur eines konnte sie vor ihm verstecken: den kleinen Zeus. Statt seiner reichte sie Chronos einen in Windeln gewickelten Felsbrocken, den er ohne Argwohn herunterschluckte.

Rhea brachte Zeus nach Kreta, wo er behütet aufwuchs. Seine Mutter erzählte ihm vom Schicksal seiner Geschwister. Als Zeus erwachsen war und bereit, seinem Vater entgegenzutreten, zögerte er nicht. Durch eine List vergiftete er Chronos' Wein mit einem Brechmittel. So geschah es, dass Chronos alle seine göttlichen Kinder auskotzen musste. Die hatten allesamt überlebt und erklärten Zeus aus Dankbarkeit zu ihrem Anführer.

Nun galt es, den Titanen Chronos endgültig zu besiegen. Durch seine Mutter Rhea wusste Zeus, dass Gaia und Uranos neben den Titanen noch weitere Nachkommen gezeugt hatten, ebenfalls riesenhafte, doch entstellte Kreaturen, die nur ein Auge in ihren Gesichtern hatten. Das waren die Zyklopen. Gaia und Uranos hatten sie verstoßen und an einem geheimen Ort eingesperrt. Zeus fand das Versteck und befreite die Zyklopen. Und so zogen die Olympischen Götter gemeinsam mit den Zyklopen gegen die Titanen.

Der Krieg dauerte zehn Jahre. Am Ende aber hatten die Götter die Titanen besiegt. Zeus hatte seinen Vater Chronos persönlich erschlagen. Zum Zeichen seines Triumphes riss er Chronos sein Gemächt ab und warf es ins Meer. Aus dem aufschäumenden Samen entstieg daraufhin die Göttin Aphrodite. Zeus begründete anschließend eine neue Ordnung im Götterreich, indem er die Welt unter sich und seinen Brüdern aufteilte. Er selbst herrschte über den Himmel und die Erde. Poseidon machte er zum Herrscher über die Meere, und Hades erhielt die Unterwelt als sein Reich. Ganz oben auf dem Berg Olymp wurde die Wohnstätte eingerichtet, die alle Götter ihr Zuhause nannten. Natürlich pflanzten auch sie sich fort.

Doch das war nicht das Ende der Geschichte. Gaia geriet in große Wut über das Geschehene. In ihrem Zorn schwor sie Zeus und den Göttern Rache. Als Schöpferin hatte sie auch Macht über die Unterwelt, und so schuf sie aus dem Tartaros heraus ein fürchterliches Ungeheuer. Sie nannte es Typhon. Es ragte, auf der Erde stehend, bis zu den Wolken empor und hatte mehrere Köpfe, von denen manche drachen- und andere schlangenartig waren. Typhons Leib war ein Doppelrumpf mit Schlangenschwänzen.

Bei seinem ersten Zusammentreffen mit Zeus überwältigte Typhon den Gott. Zwar hatte Zeus ihn zuvor mit einem Donnerkeil schwer getroffen, doch am Ende gelang es Typhon, Zeus mit seinen Schlangenleibern einzuwickeln. Anschließend schnitt er Zeus die Sehnen aus dem Körper. Typhon brachte Zeus' Körper zu Delphyne, ebenfalls ein Ungeheuer, die in einer Höhle hauste. Dort hinein warf er den Leib, und die Sehnen versteckte er in einem anderen, tieferen Teil der Höhle.

Die Götter versuchten, an Zeus heranzukommen, um ihn zu retten. Doch Typhon passte gut auf. Hermes und Pan teilten sich die Aufgabe, das Riesenungeheuer abwechselnd abzulenken und zu verwirren, um seiner Nachstellung zu entgehen. Einmal hatte Typhon Pan beinahe erwischt. Der aber sprang mit seinen Ziegenbockbeinen ins Meer hinaus, Typhon ihm dicht hinterher. Pan versuchte in seiner Hast, sich in einen Fisch zu verwandeln, um schneller schwimmen zu können. Das misslang ihm. Zwar verwandelte sich sein Unterleib in den Hinterleib eines Fisches, dafür nahm sein Oberkörper nun vollständige Ziegengestalt an. Zumindest gelang das Manöver; Pan konnte Typhon täuschen und entkommen. Dann half er Hermes, Zeus zu bergen und diesem seine Sehnen wieder einzusetzen.

Zeus, auf diese Weise wiedererstarkt, sammelte all seine Kräfte und schleuderte Typhon einen derart gewaltigen Blitz entgegen, dass er das Ungeheuer vernichtete. Zum Dank für seine Hilfe versetzte Zeus den Hirtengott Pan an den Sternenhimmel.

DAS STERNBILD WASSERMANN

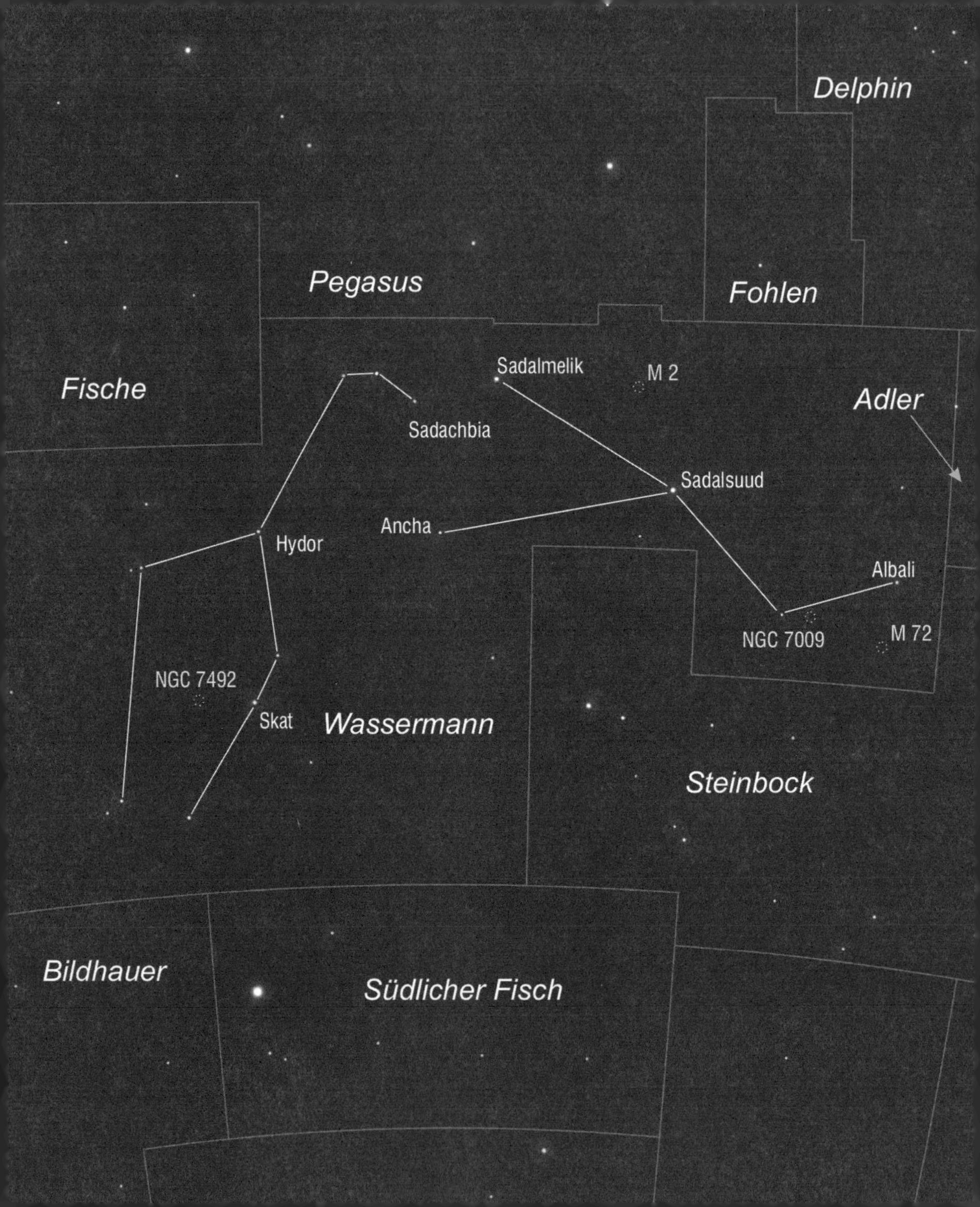
Delphin
Pegasus
Fohlen
Fische
Sadalmelik
M 2
Adler
Sadachbia
Sadalsuud
Ancha
Hydor
Albali
NGC 7009
M 72
NGC 7492
Skat
Wassermann
Steinbock
Bildhauer
Südlicher Fisch

DAS STERNBILD WASSERMANN IM DATENBLATT

Deutscher Name	**Wassermann**
Lateinischer Name	**Aquarius**
Genitiv des lat. Namens	**Aquarii**
Abkürzung	**Aqr**
Tierkreissymbol	♒
Sonnendurchlauf des Sternbilds	**16.02. – 12.03.**
Sonnendurchlauf in der Astrologie	**21.01. – 19.02.**
Ausdehnung am Himmel	**980 $(°)^2$**
Größenrang unter allen Sternbildern	**10 von 88**
Größenrang unter den Tierkreissternbildern	**2 von 1**
Beste Sichtbarkeit am Abendhimmel	**Oktober**
Beste Sichtbarkeit am Morgenhimmel	**Juli**
Typische Jahreszeit zur Beobachtung	**Herbst**
Element in der Astrologie	**Luft**
Haus in der Astrologie	**11.**
Geschlecht in der Astrologie	**männlich**
Zugeordnete Gottheit in der Astrologie	**Uranus (Uranos), Himmelsgottheit**

STERNENREGION

Das astronomische Sternbild Wassermann befindet sich zwischen den Sternbildern Steinbock, dem es nachfolgt, und dem Walfisch, dem es vorauseilt. Im Norden grenzt es an die Fische, das Fohlen, den Delphin und den Adler. Südlich von ihm befinden sich der Bildhauer und der Südliche Fisch. Der Wassermann ist ein Sternbild auf dem Himmelsäquator. Dadurch erreicht sein nördlicher Bereich an Herbstabenden eine hohe Position am Himmel und er im Grunde gut beobachtet werden könnte. Der Wassermann besteht jedoch nur aus schwachen Sternen, und er zieht sich weit nach Süden hinunter, sodass es doch nicht ganz leicht ist, die Anordnung seiner Sterne zu erkennen. Ein dunkler Himmel ohne Mond und ohne störendes Stadtlicht ist Voraussetzung dazu. Der helle Stern Fomalhaut im Südlichen Fisch ist hilfreich, um das untere Ende des Wassermanns abzuschätzen.

HELLSTE STERNE

Name		Größe	Farbe	Entfernung	Bedeutung des Namens
Sadalsuud	β Aqr	3.	gelb	546 LJ	Arabisch: Glück des Glückes
Sadalmelik	α Aqr	3.	gelb	660 LJ	Arabisch: Glück des Königs
Skat	δ Aqr	3.	weiß	160 LJ	Arabisch: Schienbein
Sadachbia	γ Aqr	4.	weiß	126 LJ	Arabisch: Glück der Zelte
Hydor	λ Aqr	4.	rot	390 LJ	Griechisch: Wasser

INTERESSANTE OBJEKTE

Im Wassermann befinden sich zwei schöne Objekte, die jedoch eher etwas für Astrofotografen sind: Der Helixnebel NGC 7293 und der Saturnnebel NGC 7009, beide aus der Gruppe der Planetarischen Nebel. Für den Feldstecher gibt's die Kugelsternhaufen M 2 und M 72 sowie die Sternengruppe M 73.

Tierkreissymbol

♒ Das astrologische Symbol des Tierkreiszeichens Wassermann sind zwei übereinanderliegende Wellenlinien, die ohne Zweifel Wasser symbolisieren sollen.

Menschen, die im Sternzeichen Wassermann geboren wurden, werden in der Astrologie die folgenden Eigenschaften zugeordnet: Individualität, Unabhängigkeit, Charisma, Exzentrik, Einfallsreichtum, Fleiß, Kreativität, Freundlichkeit, Hilfsbereitschaft, Geselligkeit, Rebellentum, Distanziertheit, Wechselhaftigkeit, Reserviertheit, Kühle, Unnahbarkeit.

Geschichte

Wir wissen wenig über die Ursprünge des Sternbilds Wassermann. Allerdings ist es bemerkenswert, dass dieses ausgedehnte Himmelsareal, das nur schwache Sterne enthält, für eine bedeutsame figürliche Darstellung ausgewählt wurde. Irgendetwas Besonderes musste sich hier jährlich ereignet haben. Was konnte das gewesen sein?

Wenn wir Aufzeichnungen aus dem Altertum untersuchen, stoßen wir auf Texte, die darauf hinweisen, dass alljährlich, wenn die Sonne in dieses Sternenareal trat, die Regenzeit begann. Ist dies womöglich der Ursprung der Vorstellung von einem Wassermann, der den ersehnten Niederschlag bringt? Wir wissen es nicht mit Sicherheit, doch ist es durchaus erwähnenswert, dass viele umliegende Sternbilder ebenfalls einen Bezug zum Wasser haben: die Fische, der Walfisch, der Delphin, der Südliche Fisch, und auch der Steinbock, der von Beginn an als Ziegenfisch beschrieben wurde. In der griechischen und römischen Mythologie ranken sich verschiedene kurze Erzählungen um die Figur des Wassermanns. Auch hier finden wir keine konkreten geschichtlichen Hinweise.

Zumindest erlangte der Wassermann ab dem Jahr 1968 große Berühmtheit in der Pop-Kultur: Im Musical „Hair" ist die Rede vom baldigen Beginn des „Age of Aquarius", dem Zeitalter des Wassermanns. In der Astrologie wird der Tatsache, in welchem der 13 Sternbilder die Sonne zu Frühlingsbeginn steht, eine so große Bedeutung beigemessen, dass dort in der Tat von einem Zeitalter gesprochen wird, je nachdem, welches Sternbild der Frühlingspunkt gerade durchwandert. Dies ist damit gleichzeitig der Zeitpunkt, an dem das Sternzeichen Widder beginnt. Eine komplette Wanderung dieses Punktes durch alle Sternbilder entspricht der Länge eines Präzessionszyklus und dauert somit ungefähr 25.800 Jahre. Da die Sternbilder alle unterschiedlich groß sind, sind auch die Verweildauern des Frühlingspunktes in den jeweiligen Konstellationen sehr unterschiedlich.

Ebenso unterschiedlich sind die Auffassungen der einzelnen astrologischen Anschauungen darüber, in welchem zeitlichen Abschnitt wir uns gerade befinden, weshalb es kein eindeutiges Datum für den Beginn des Wassermannzeitalters gibt. Die astronomischen Sternbilder zugrunde gelegt, würde es im Jahr 2600 beginnen. Andere Vorstellungen postulieren die Jahre 2440 oder 2200.

Die Sage vom Wassermann

Die Sage wird uns im alten Babylon erzählt, genauer auf den leider nur unvollständig erhaltenen Tonscherben des Gilgamesch-Epos: Kish war soeben erst erschaffen worden. Die Götter priesen noch ihr Werk und schilderten den Menschen die Umstände zur Erfindung der Stadt. Sie beschlossen, dass Kish nun einen König aus den Reihen der Sterblichen brauchte.

In der Nähe des Flusses Euphrat lebte der Hirte Etana. Er und seine Frau wollten gerne Kinder bekommen, doch es gelang ihnen nicht, schwanger zu werden. Und so machte sich Etana auf, das Gebärkraut zu finden, eine Pflanze, die dem Paar das ersehnte Glück ermöglichen sollte.

In einer Pappel unweit des Flusses lebten ein Adler und eine Schlange. Sie lebten in Eintracht, denn sie hatten einen Pakt geschlossen, sich gegenseitig in Frieden zu lassen und im Fall des Falles gegenseitig zu helfen. Beide, der Adler und die Schlange, hatten Nachwuchs zu versorgen, den sie in ihren Nestern aufzogen.

Einmal hatte der Adler keine Lust zum Jagen. Er ließ die Schlange alleine auf Beutefang gehen. Da aber bekam er Appetit auf die Kinder der Schlange. Als sein ältestes und klügstes Küken seine Absichten bemerkte, warnte es seinen Vater davor, diesen Frevel zu begehen. Es nütze nichts. Gierig fraß der Adler die Kinder der Schlange auf.

Als die Schlange zurückkehrte, war sie entsetzt. Traurig und wütend betete sie zum Sonnengott Shamash, der zugleich Richter über alle Seelen war. Der Gott rät der Schlange, dem Adler eine Falle zu stellen. Sie sollte sich in einem Kadaver verstecken, und wenn der Adler herankommen würde, sollte er in sein Verhängnis laufen.

So machte es die Schlange, und tatsächlich, der Adler ging ihr auf den Leim. Sie schnappte zu und packte ihn ganz feste. Während der Adler noch versuchte, die Schlange mit Versprechungen zu besänftigen, zerrte sie ihn weiter bis in eine Grube, in der sie ihn verdursten lassen wollte.

Ishtar, die Göttin der Liebe und des Krieges, beobachtete den Vorgang aufmerksam. Sie bekam alles mit, wie der Adler zu Shamash betete und dieser ihm versprach, Hilfe zu schicken. Shamash brachte den Hirten Etana, der immer noch nach dem Gebärkraut suchte, dazu, sich in die Richtung des Adlers zu bewegen. Der Adler, schon schwach und mit trockener Kehle, erblickte Etana schließlich und bat ihn um Hilfe. Wenn er ihm Wasser bringen würde, so wollte er sich erkenntlich zeigen und ihm ebenfalls helfen.

Etana tat es. Er füllte etwas von seinem Wasser in ein Tonschälchen und hielt es dem Adler vor den Schnabel. Anfangs konnte der Vogel nur langsam von dem rettenden Nass nippen, doch je mehr er zu Kräften kam, desto größer wurden seine Schlucke.

Nachdem der Adler sich erholt hatte, forderte er Etana auf, ein wenig zu schlafen. Etana würde zweifellos von dem träumen, was er so dringend suchte. Dies würde der Vogel im selben Moment erfahren, und dann würde er wissen, was zu tun ist.

Etana schlief ein, und er träumte wirklich von dem Gebärkraut. Der Adler weckte ihn und breitete seine Flügel aus. Etana stieg auf seinen Rücken, und sie flogen los. Unterwegs machte der Adler sich einen Spaß daraus, Etana dreimal abzuwerfen und ihn kurz vor dem Boden wieder aufzufangen. Schlussendlich aber erreichten sie den Himmel und trafen Ishtar, Shamash und zwei weitere Götter.

An dieser Stelle bricht die Geschichte ab. Die Tafel, auf der die Fortsetzung steht, ist über die Jahrtausende verloren gegangen. Wir wissen aber, dass die Geschichte gut ausgeht, denn Ishtar erwählt Etana schließlich zum König von Kish.

Die Geschichte wandelte sich im Laufe der Zeit. Im antiken Griechenland ist es der Hirtenjunge Ganymed, der die Gunst der Götter erhält und dem die Aufgabe zuteil wird, den prächtigen Jagdadler des Zeus zu tränken.

Das Bild des jungen Mannes, der dem Adler Wasser reicht, ist heute ein möglicher Ansatz, das Sternbild des Wassermanns darzustellen. Gleichzeitig existiert die bekanntere Variante, in der ein erwachsener Mann eine Amphore mit Wasser ausgießt.

DAS STERNBILD FISCHE

Andromeda
Dreieck
Pegasus
Kullat Nunu
Fische
Widder
Deneb al Samkat
Pi Li Si
Alrischa
Pi Li Er
Walfisch
Wassermann

DAS STERNBILD FISCHE IM DATENBLATT

Deutscher Name	**Fische**
Lateinischer Name	**Pisces**
Genitiv des lat. Namens	**Piscium**
Abkürzung	**Psc**
Tierkreissymbol	**♓**
Sonnendurchlauf des Sternbilds	**12.03. – 19.04.**
Sonnendurchlauf in der Astrologie	**20.02. – 20.03.**
Ausdehnung am Himmel	**889 $(°)^2$**
Größenrang unter allen Sternbildern	**14 von 88**
Größenrang unter den Tierkreissternbildern	**5 von 13**
Beste Sichtbarkeit am Abendhimmel	**November**
Beste Sichtbarkeit am Morgenhimmel	**August**
Typische Jahreszeit zur Beobachtung	**Herbst**
Element in der Astrologie	**Wasser**
Haus in der Astrologie	**12.**
Geschlecht in der Astrologie	**weiblich**
Zugeordnete Gottheit in der Astrologie	**Neptun (Poseidon), Gott des Meeres**

Sternenregion

Das astronomische Sternbild Fische befindet sich zwischen den Sternbildern Pegasus, dem es nachfolgt, und dem Widder, dem es vorauseilt. Im Norden grenzt es an die Andromeda und das Nördliche Dreieck. Südlich von ihm befinden sich der Walfisch und der Wassermann. Die Fische erstrecken sich vom Himmelsäquator nach Norden bis zur Andromeda. Dadurch erreichen sie an Spätherbstabenden eine hohe Position am Himmel. Im Grunde würde sie das zu einem auffälligen Sternbild machen, doch die Fische bestehen nur aus schwachen Sternen. Es bedarf einer mondlosen Nacht ohne störende künstliche Lichtquellen, um die Strukturen zu erkennen, die das Sternbild prägen. Doch selbst dann sollte man sich in Geduld üben, denn das Areal ist sehr ausgedehnt, und es enthält wenige markante Punkte. In den Fischen gibt es eine kleine Sternengruppe, die auf Chinesisch „Pi Li“ (Blitz) genannt wird.

HELLSTE STERNE

Name		Größe	Farbe	Entfernung	Bedeutung des Namens
Kullat Nunu	η Psc	4.	gelb	294 LJ	Babylon.: Gefangener Fisch
Pi Li Er	γ Psc	4.	gelb	131 LJ	Chinesisch: Zweiter im Blitz
Alrischa	α Psc	4.	weiß	139 LJ	Arabisch: Das Seil
Deneb al Samkat	ω Psc	4.	gelblich	106 LJ	Arab.: Schwanz des Fisches
Pi Li Si	ι Psc	4.	gelblich	45 LJ	Chinesisch: Vierter im Blitz

Interessante Objekte

Im Fische befinden sich keine auffälligen Himmelsobjekte. Das gilt auch für den Feldstecher. Die Fische sind also auch in dieser Hinsicht ein unspektakuläres Sternbild.

TIERKREISSYMBOL

♓ Das astrologische Symbol des Tierkreiszeichens Fische sind zwei Sicheln, die die beiden Fische von oben darstellen. Sie sind horizontal durch eine „Schnur“ verbunden.

Menschen, die im Sternzeichen Fische geboren wurden, werden in der Astrologie die folgenden Eigenschaften zugeordnet: Emotionalität, Empfindsamkeit, Feinfühligkeit, Hilfsbereitschaft, Selbstlosigkeit, Fröhlichkeit, Romantik, Mitleidsfähigkeit, Planlosigkeit, Entscheidungsschwäche, Disziplinlosigkeit, Bequemlichkeit, Überempfindlichkeit.

GESCHICHTE

Wie alle Tierkreissternbilder werden auch die Fische schon bei Claudius Ptolemäus zu den 48 klassischen Sternbildern gezählt. Die Fische sind jedoch deutlich älter. Im Zweistromland, ca. 2.500 v. u. Z. im Reich der Akkader, entsteht die bildhafte Vorstellung von zwei Fischen, die durch eine Art Band oder Seil miteinander verbunden sind. Die Deutung dieses Bildes ist unklar. Später, im antiken Griechenland, entstand eine Deutung durch Herodot, der erzählte, wie die Göttin Aphrodite und ihr Sohn Eros durch zwei Fische, die auf diese Weise zusammengebunden waren, gerettet wurden.

Die Römer nannten das Sternbild bisweilen „Imbriefer Duo Pisces“, zu Deutsch: Die zwei regenbringenden Fische. Das ist interessant, da zur Zeit der Sumerer noch der Wassermann als Ankündiger der Regenzeit galt. Aufgrund der Präzession war dies zur Zeit der Römer das Sternbild Fische. Wir erkennen hier einmal mehr die tiefe kulturelle Verwobenheit aller Völker durch die Zeiten hindurch.

Im Sternbild Fische ereignete sich sieben Jahre vor unserer Zeitrechnung ein wahrscheinlich sehr bedeutsames Himmelsereignis. Es könnte zur Vorstellung der Christen vom „Stern von Bethlehem" geführt haben. Die Rede ist von einer engen Konjunktion der beiden Planeten Jupiter und Saturn. Was bedeutet das?

Saturn ist fast doppelt so weit von der Sonne entfernt wie Jupiter. Dadurch bewegt er sich deutlich langsamer um die Sonne. So kommt es, dass er in regelmäßigen Abständen, ungefähr alle 20 Jahre, von Jupiter überholt wird. Da die Bahnen der beiden Planeten zueinander geneigt sind, ist die scheinbare „Überholdistanz" meist recht groß. Doch manchmal, genau gesagt alle 854 Jahre, überholt Jupiter den Saturn so eng, dass sie zusammen wie ein einzelner heller Stern aussehen. Dies war im Jahr 7 v. u. Z. der Fall.

Aufgrund dessen wird zudem vermutet, dass daraufhin das Symbol des Fisches das in der Antike verwendete Erkennungszeichen der Christen wurde. Dies sind jedoch bis heute alles hypothetische Gedanken, die keine gesicherten Erkenntnisse darstellen.

DIE SAGE VON DEN FISCHEN

Diese Geschichte hat denselben Beginn wie die des Steinbocks, denn sie gehen auf ein und denselben Mythos zurück: Gaia, die Erde, und der Uranos, der Himmel, waren die ersten Gottheiten. Aus ihrer Vereinigung gingen die ersten Gottheiten hervor, die wahrlich riesenhaften Titanen. Zwei von ihnen waren Chronos und Rhea, die Anführer der Titanen. Sie beide erzeugten schließlich die Olympischen Götter.

Gaia weissagte ihrem Sohn Chronos, dass eines seiner eigenen Kinder ihn eines Tages stürzen würde. Um das zu verhindern, verschlang er alle Kinder, die Rhea ihm geboren hatte. Rhea konnte aber eins der Kinder retten, nämlich den jungen Zeus. Sie hatte einen großen Stein in Windeln gewickelt und ließ Chronos in dem Glauben, dies sei das

Neugeborene. Und so verschlang Chronos den Stein und merkte nicht, dass er überlistet worden war.

Durch seine Mutter erfuhr Zeus alles, was er wissen musste. Es ist ein wundervolles Paradoxon, dass Zeus durch den Versuch seines Vaters, sich gegen seinen prophezeiten Sturz zu wehren, überhaupt erst einen Grund hatte, Chronos vom Thron zu stoßen. Wie auch immer. Zeus sann auf Rache und zog, nachdem er die Zyklopen aus ihrer Gefangenschaft befreit hatte, gegen seinen alten Herrn.

Zunächst griff Zeus zu einer List, indem er den Weinkelch seines Vaters mit einem Brechmittel vergiftete. Daher musste Chronos alle seine Kinder wieder hervorwürgen, die aufgrund ihrer göttlichen Herkunft unsterblich waren und folglich im Bauch des Chronos überlebt hatten.

Mit Zeus als ihrem Anführer griffen die Götter mit Unterstützung der Zyklopen die Titanen an. Dies führte zu einem zehn Jahre währenden Krieg, an dessen Ende die Götter als Sieger hervorgingen. Zum Schluss erschlug Zeus seinen Vater, riss ihm seine Geschlechtsorgane ab und warf sie in Meer.

In den Hoden des Chronos befand sich indessen noch reichlich Samen, der im Wasser des Meeres aufzischte und schäumte. Aus dieser heftigen Turbulenz tauchte plötzlich eine enorm große, perlenbesetzte Muschel auf. Die Muschel öffnete sich, und ein helles Licht trat aus der Öffnung hervor, so grell, dass es sogar mit der Sonne am Himmel wetteiferte.

Der sterbende Chronos schloss seine Augen, doch die siegreichen Götter konnten die ihren nicht von dem Schauspiel abwenden, das sich vor ihnen in der Brandung abspielte. Aus dem Licht der sich weit öffnenden Muschel stieg eine Frauengestalt empor. Sie hatte langes, wallendes Haar. Ihre Haut war so ebenmäßig und zart, wie man es noch nie gesehen hatte. Mit ihrer schlanken Figur und dem makellosen Gesicht war sie die schönste Frau, die jemals ein Gott oder ein Sterblicher erblicken sollte. Es war Aphrodite, die Göttin der Liebe und der Schönheit, die soeben geboren worden war.

Die Zeit verging. Zeus gründete eine neue Ordnung im Götterreich, indem er die Welt unter sich und seinen Brüdern aufteilte. Er selbst nahm Hera zur Frau und herrschte mit ihr über den Himmel und die Erde. Poseidon, so beschloss Zeus, wurde zum Herrscher über die Meere und Hades über die Unterwelt. Auf dem Gipfel des Olymps richtete Zeus die Wohnstatt der Götter ein.

Natürlich buhlten die männlichen Götter allesamt um die schöne Aphrodite. Es war schließlich ausgerechnet der Kriegsgott Ares, auf den sie sich einließ. Aus ihrer Verbindung ging ein Kind hervor, der kleine Eros, ein pausbäckiges Kindchen mit kleinen Flügelchen auf dem Rücken. Aphrodite war glücklich. Nur zu gerne begab sie sich mit Eros zum Fluss und spielte dort mit ihm. Doch Gaia war noch nicht fertig mit den Göttern. Sie erschuf das gigantische, mehrköpfige Ungeheuer Typhon und ließ es auf Zeus los. Der wurde auch im erste Anlauf überwältigt und von Typhon in eine Höhle verschleppt. Die Versuche der Götter, Zeus zu retten, lösten bei Typhon regelrechte Tobsuchtsanfälle aus. Bei der Jagd auf die Götter Hermes und Pan, die im Wechsel versuchten, das Monster abzulenken, erblickte Typhon auch Aphrodite und Eros am Ufer des Flusses. In seiner Raserei stürzte er sich auf sie. Zwar erkannte Aphrodite die Gefahr rechtzeitig. So konnte sie sich Eros greifen und in den Fluss springen, um davonzuschwimmen. Doch sie war nicht schnell genug; sie konnte das göttliche Ungeheuer nicht abhängen.

Da griff die gute Nymphe des Flusses ein und schickte zwei Fische zu Hilfe, deren Schwänze mit einem langen Seil zusammengebunden waren. An diesem Seil hielten Aphrodite und Eros sich fest. So konnten sie am Ende doch dem Typhon entkommen. Zeus, nachdem er Typhon mit mehreren Blitzen niedergestreckt hatte, zeigte sich dankbar und versetzte die beiden Fische an den Himmel.

ANHANG

ASTRONOMIE UND ASTROLOGIE – EIN GEGENEINANDER?

Der Astronom und Wissenschaftskommunikator Carl Sagan sagte einmal: „Es gibt zwei Wege, die Sterne zu betrachten: So wie sie wirklich sind, und so wie wir sie uns wünschen." Er vertrat also, wie die meisten Naturwissenschaftler, die Auffassung, dass es sich bei der Astrologie um eine Art Pseudolehre handele, die lediglich aus dem innigen Wunsch heraus existiert, es gäbe eine Verbindung zwischen der irdischen und der himmlischen Welt, eine lenkende Macht, die unser Leben bestimmt, oder zumindest mitbestimmt. Sein Ausspruch drückt jedoch auch Verständnis für diesen Wunsch aus und stellt keine Anfeindung dar, auch wenn Sagan seine Sicht der Dinge klar darlegte.

Die Astrologie sagt, dass es mehr als einer rein materialistischen Betrachtung bedarf, um die Zusammenhänge zwischen Himmel und Erde zu verstehen. Sie postuliert Wirkungen, die mit physikalisch-technischen Messungen nicht erfassbar sind. Sie beruft sich häufig auf den Satz, den William Shakespeare seinen tragischen Helden Hamlet zu dem Gelehrten Horatio sagen ließ: „Es gibt mehr Ding im Himmel und auf der Erden als eure Schulweisheit sich träumt, Horatio!"

Keine Erkenntnis ohne Beweis, sagt die eine Seite. Tiefe Erkenntnis benötigt keine Beweise, sagt die andere. Damit sind die beiden Gruppen von Menschen umschrieben, die unvereinbar scheinen: rationale Skeptiker und gefühlsbetonte „Bauchmenschen". Lassen Sie uns das ohne Wertung lesen. Beide Seiten beinhalten Menschen, die ihre Lebenseinstellung gefunden haben und nichts weiter verlangen – und verdienen – als gegenseitigen Respekt. Leider wird dies leicht übersehen, und dann verlaufen Diskussionen schnell hitzig, die Positionen verhärten und Gefühle werden verletzt. Spätestens dann ist die Chance vertan, den anderen vielleicht doch noch überzeugen zu können oder zumindest ein Gespräch zu führen, das sich am Ende für beide Seiten, auch ohne Übereinkunft, als bereichernd erweist.

Wenn Sie mit mir über Astronomie und Astrologie sprechen, werden Sie feststellen, dass ich zu den skeptischen „Kopfmenschen“ gehöre. Mir fallen etliche Argumente ein, die darlegen, dass die Astrologie keine Gültigkeit haben kann, und ich führe sie allesamt an. Ich stelle jedoch immer wieder fest, dass die Gedanken der Astrologievertreter und -vertreterinnen in der Regel zutiefst menschlich und auf ihre Weise zustimmenswert sind. So können wir stets gut zusammenfinden. Der Ärger fängt immer erst an, wenn wir aufhören, respektvoll zu sein.

Eine Zeitreise zum Anfang der Erklärung der Welt

Wollen wir gemeinsam eine Zeitreise unternehmen. Begeben wir uns gedanklich zurück in eine Zeit, in der es keine Wikipedia, keine Fachzeitschriften, keine öffentlichen Bibliotheken, ja, noch nicht einmal Bücher gab. Jene Zeiten, die vor der Erfindung der Schrift lagen, befinden sich für uns im Verborgenen. Erst durch das Hinterlassen von dauerhaften Texten, die zu Anfang noch in Ton gekerbt wurden, trat die Menschheit aus dem Dunkel der Vorzeit heraus ins Licht der Geschichte. Was davor lag, können wir nur mühsam aus den Fundstücken herauslesen, die uns verraten, dass es zu jener Zeit Menschen gab, die Werkzeuge und Kleidung herstellten, Kunst betrieben und ihre Toten bestatteten. Nur weniges hinterließen sie, doch eines ist sicher: Auch sie zeugten Nachkommen, und wir dürfen davon ausgehen, dass sie ihre Kinder in den Dingen unterwiesen, die für das Überleben wichtig waren. Sie zeigten ihnen, wie man jagte, welche Kräuter und Beeren essbar waren, wie eine Feuerstelle angelegt wurde, und natürlich wie man Werkzeug und Kleidung herstellte. Und natürlich erklärten sie ihren Kindern die Welt, ähnlich wie wir es heute tun. Es fehlte ihnen nur eines: Das Wissen, das uns heute dank der Erfahrungen und Mühen zahlreicher Generationen wissbegieriger Menschen zur Verfügung steht. Dennoch, ihre Kinder, und sie selbst, beschäftigten dieselben Fragen wie uns heute: Was ist die Welt? Wie funktioniert sie? Warum werden Menschen krank? Wie kann man Kranke wieder gesund machen? Was ist der Tod? Und: Gibt es ein Danach?

Und nun stellen Sie sich vor, Sie lebten in dieser Zeit und müssten versuchen, Antworten auf diese Fragen zu finden. Das Wissen über die Welt, das im Jetzt in Ihrem Kopf gespeichert ist, vergessen Sie. Es verbleibt im 21. Jahrhundert. Sie sind nun nicht nur zeitlich, sondern auch kulturell mit den Menschen der Urzeit auf einer Ebene. Was tun Sie also? Eines ist klar: Sie geben sich nicht damit zufrieden, keine Antworten zu haben. Das können Sie sich gar nicht leisten. Ihr Überleben hängt davon ab. Die Welt, in der Sie nun leben, ist gefährlich. Hungrige Säbelzahnkatzen und Bären streifen umher, und Sie verfügen über keine feste, sichere Behausung. Wenn Sie beim Sammeln von Beeren, die Sie nicht kaufen können und daher aus dem Effeff kennen müssen, von Ihrer Sippe abkommen, müssen Sie rechtzeitig den Weg ins Lager zurückfinden. Sie müssen Wind und Wolken im Auge behalten und wissen, wann Sie Schutz suchen müssen. Ja, zugegeben, da steht jetzt sehr oft das Wort „müssen". Doch das nützt nichts: All das Genannte und noch viel mehr müssen Sie in dieser Umgebung können, um zu überleben.

So sitzen Sie eines Nachts am Feuer. Es ist Ihre Aufgabe, Wache zu halten und die Flammen zu versorgen, damit wilde Tiere abgehalten werden. Trotzdem schleicht sich manchmal eine Säbelzahnkatze heran und greift sich eines der schlafenden Kinder. Das ist unvermeidlich. Ihre Sippe kennt nur eine Methode zu versuchen, ein solches Unglück zu verhindern: Wer Wache hat, weckt im Fall des Falles die Sippe auf. Die Erwachsenen schnappen sich Speere und brennende Stöcke aus dem Feuer und springen lautstark johlend umher, um die Katze zu vertreiben. Die Mitglieder Ihrer Sippe wissen, dass dies nicht immer von Erfolg bekrönt ist.

Und jetzt sitzen Sie hier. Inmitten Ihrer ruhenden Gefährten und stehen in der Verantwortung. Das Feuer wirft tanzende Lichtmuster auf Sie und die Schlafenden. Hinter Ihnen, und hinter dem Feuer, ist es dunkel. Und wenn ich dunkel sage, dann meine ich pechschwarze Finsternis. So eine Dunkelheit haben Sie noch nicht erlebt. Es gibt hinter dem Horizont keine Dörfer oder gar Städte, deren Lichtglocken den Himmel aufhellen, keine beleuchteten Gewerbegebiete, keine Straßenlaternen. Es gibt in der weiträumigen Umgebung noch nicht mal eine andere Sippe, deren Lagerfeuer Sie möglicherweise sehen könnten. Da ist nur Schwärze. Und irgendwo in dieser Schwärze streift es umher, das Ungetier, vor dessen entsetzlichem Angriff Sie Ihre Gruppe bewahren sollen.

Sie lauschen in die Nacht. Sie sind angespannt. Sie haben Angst. Das Feuer knistert. Da hören Sie plötzlich ein Geräusch! Was war das? Hat da ein Ast im Wind geknarrt, oder war es das Knurren einer Säbelzahnkatze? Was tun Sie? Auf jeden Fall müssen Sie eine schnelle Entscheidung treffen. Ignorieren Sie das Geräusch? Oder wecken Sie Ihre Sippe und lösen Panik aus, in deren Verlauf bei einem Fehlalarm Menschen verletzt oder verloren gehen könnten?

Sie entscheiden sich für den Warnruf. Ihre Gruppe kennt den Vorgang. Die Kinder haben gelernt, ruhig liegen zu bleiben, während die Erwachsenen zu Speeren und Fackeln greifen und Lärm veranstalten. Nach einer Zeit wird klar, dass es ein Fehlalarm war, und es kehrt wieder Stille ein. Der Sippenälteste nickt Ihnen kurz zu. Sie haben Ihre Sache gut gemacht. Sie sind aufmerksam gewesen und haben alle rechtzeitig gewarnt. Viel schlimmer wäre es gewesen, wenn Sie die Lage andersherum fehleingeschätzt hätten und nun ein Todesfall zu beklagen wäre. Damit haben Sie die wichtigste Überlebensstrategie des frühen Homo sapiens angewandt: Lieber zehnmal das Knarren eines Astes im Wind für das Knurren einer Säbelzahnkatze halten, als einmal das Knurren einer Säbelzahnkatze für das Knarren eines Astes im Wind. Angst verleiht Flügel. Ihre Überlebenschancen, und damit die Wahrscheinlichkeit sich fortzupflanzen, sind umso höher, je enger Sie sich an das Denkprinzip der schnellen, einfachen Antworten halten. Kommt künftig einer Ihrer Gefährten ins Lager gestürmt und berichtet wild gestikulierend von seiner Beinahebegegnung mit einer Säbelzahnkatze in der Nähe, dann können Sie ihm das glauben oder nicht. In der Regel werden Sie es glauben und mit Ihrer Sippe den Rastplatz wechseln. Die Gene Ihrer Vorfahren raten Ihnen: Lieber nichts riskieren.

Die nächste Nacht ist friedvoller. Sie sitzen mit Ihrer Gruppe unter einem klaren Himmel und schauen hinauf zu den Sternen. In einer solchen Dunkelheit, wie sie in einer Neumondnacht des ausgehenden Pleistozäns herrscht, funkeln tausende von Sternen am Himmel. Die Wirkung, die ihr Anblick auf die Menschen hat, lässt sich nur erahnen. Zweifellos werden sie sich wundern, auf was sie dort blicken. Stellen Sie sich vor, Sie hätten nicht die geringste Ahnung von der Natur der Sterne und betrachteten sie völlig unbedarft. Sie wissen nichts von einem Weltraum, vom Vakuum des Alls oder von Planeten mit Ringen und dergleichen. Sie sehen nur Lichtpunkte am Himmel und staunen. Sich das vorzustellen, müsste Ihnen gelingen, denn auch Sie haben es einst erlebt, in Ihrer Kindheit. Manche Menschen haben das große Glück und können sich daran erinnern, wie ihnen erstmalig im Leben die Sterne am Himmel aufgefallen sind. Mir geht es so. Ich erinnere mich an die Schönheit der glitzernden Lichter, aber auch an das Gefühl, dass etwas Unbekanntes, ein wenig Unheimliches vom Himmel auszugehen schien. Ich erinnere mich, wie ich als kleiner Junge, geführt an der Hand meiner Mutter, die Obere Marktstraße in Gerolstein hinaufging. Es war Abend und bereits dunkel. Hinter uns ging im selben Moment der Vollmond auf. Ständig drehte ich den Kopf nach hinten. Ich empfand den Anblick dieses riesenhaften Mondes am Horizont als wunderschön, gleichzeitig ging jedoch auch eine bedrohliche Faszination von ihm aus. Warum? Weil ich absolut keine Ahnung hatte, auf was ich dort gerade schaute. Die Szene tauchte noch in derselben Nacht in einem meiner Albträume auf.

Meine Mutter konnte mir nur sagen: „Das ist der Mond“, oder „Das sind Sterne“. Mehr nicht. Die Dinge hatten einen Namen, aber keine Erklärung. Genauso geht es Ihnen gerade mit Ihrer Sippe in der Urzeit. Jedem um Sie herum ist der Anblick der Sterne vertraut, doch keiner kann erklären, was Sterne sind, was ihre Natur ist. Neben Ihnen sitzt eine Frau, die auf den See im Vordergrund deutet und bemerkt, dass die Sterne sich in dem ruhigen Wasser spiegeln, so, wie sich tagsüber die umstehenden Bäume spiegeln. Ein Gedanke blitzt in Ihnen auf: Besteht der Himmel vielleicht aus Wasser, in dem sich nachts die Lagerfeuer der vielen Sippen spiegeln, die es außer der Ihren noch gibt? Sind das die Sterne? Aber wenn dem so wäre, was hält dann das Wasser am Himmel? Warum fällt es nicht auf die Erde? Oder tut es das womöglich? Ist das vielleicht die Ursache dafür, dass es manchmal regnet? Wie kommt das Wasser an den Himmel? Wer hat es dort platziert? Gibt es etwa mächtige Wesen, die den Himmel, die Erde, die Tiere und die Pflanzen erschaffen haben? Sie denken Ihre Frage laut, und sie wird wahrgenommen.

Ein Mann in der Runde lächelt Sie an und nickt zustimmend. Er ist von ruhigem, sympathischem Wesen, seine Stimme klingt angenehm. Er ist derjenige, der sich um die Kranken kümmert und sie zu heilen versucht. Er genießt hohes Ansehen. Während er immer noch freundlich nickt, erklärt er, dass er die Stimmen der mächtigen Wesen hören kann und aus ihnen seine Weisheit schöpft. Er deutet auf einige der helleren Sterne und sagt, dass man beobachten kann, wie diese sich zwischen den anderen Sternen umherbewegen, wenn man sie nur lange genug verfolgt. Dies seien die Sterne der Schöpferwesen, versichert er, und aus ihrer Position zu den unbeweglichen Sternen könne er ablesen, was sie ihm mitteilen wollen. Sie schauen sich in der Runde um. Alle, die an diesem Abend mit Ihnen zusammensitzen, hören zu. Im flackernden Schein des Feuers sehen Sie, wie sie ebenfalls lächeln und mit den Köpfen nicken. Die Vorstellung, dass es Wesen gibt, die die Welt erschaffen haben und die mit den Menschen kommunizieren, scheint ihnen zu gefallen. Ein Stück Ungewissheit über die Welt fällt von ihnen ab. Die Welt ergibt einen Sinn für sie. Von höheren Wesen geführt und beschützt zu werden, ist eine gute Sache.

Da stellen Sie dem sympathischen Mann eine Frage. Sie möchten wissen, woher er seine Gewissheit nimmt, dass dies auch alles wirklich wahr ist. Immerhin könnte es ja auch eine andere Erklärung für die Bewegung der Sterne geben. Er braucht gar nicht selbst zu antworten. Die anderen ergreifen das Wort für ihn und erklären Ihnen, dass dieser würdige Mann schon immer guten Rat für die Gruppe wusste, und dass jeder ein Narr sei, der an ihm zweifeln würde. Außerdem wäre es gefährlich, die Wesen im Himmel zu verärgern. Dazu braucht es nämlich nicht viel. Schon geringes, unbewusstes Fehlverhalten kann dazu führen, dass sie einen Sturm schicken oder einen Steppenbrand. Bringe bloß nicht das Wohl der Gruppe in Gefahr, rät man Ihnen eindringlich. Sie sehen schließlich ein, dass es besser für Sie ist, die Sippe nicht gegen sich aufzubringen. Sie sind auf die Gemeinschaft angewiesen. Verstoßen, allein in dieser Wildnis, würden Sie nicht überleben. Und so übernehmen Sie bereitwillig das Weltbild Ihrer Gefährten.

Ich nehme nicht an, dass dies den exakten Verlauf darstellt, wie Ihre Zeitgenossen die Welt zu erklären versuchen. Doch so ähnlich wird es sich um Sie herum abspielen. In allen Kulturen spielen die Himmelskörper eine bedeutende Rolle, vor allem die, die in ihrer Position veränderlich sind. Das sind die Sonne, der Mond und die Wandelsterne, die in einigen Jahrtausenden, in der griechischen Antike, den Namen Planetes, Wanderer, erhalten werden. Die hölzernen Einbäume, mit denen Sie und Ihre Gruppe einfache Fahrten über Flüsse unternehmen, werden die Menschen dann zu Schiffen weiterentwickelt haben, die sogar aufs Meer hinausfahren, fernab von allen Landmarken. Die Seefahrer werden dort neue Orientierungspunkte brauchen. Auf offener See können dazu nur die Sterne dienen. Also werden diese kartiert und zur besseren Übersicht zu Bildern zusammengefasst. Als Vorlage für die Benennung der Sternbilder wählen die Segler Figuren aus zeitgenössischen Geschichten und aus den illustren religiösen Vorstellungen dieser Zeit. Denn die mächtigen Wesen des Himmels sind längst befördert worden: zu Göttern. Sie und die Nebenfiguren ihrer Eskapaden finden sich nun unter den Sternen verewigt. Wer von Mykene aus für fünf Nächte der Schulter des Jägers Orion folgt, erreicht zielsicher den Hafen von Alexandria am anderen Ufer des Meeres.

Und durch die Sternbilder ziehen die Götter selbst, denn Sonne, Mond und Planeten bekamen deren Namen: Helios, Selene, Hermes, Aphrodite, Ares, Zeus und Chronos. In einigen Hundert Jahren werden die Römer sowohl die Namen der Sternbilder wie auch der Planeten in ihre Kultur übernehmen und in ihre Sprache übersetzen. Die Wanderer am Himmel heißen dann Sol, Luna, Mercurius, Uenus, Mars, Iuppiter und Saturnus. Viele Jahrtausende nach den Abenteuern Ihrer jungsteinzeitlichen Sippe ist die wahre Natur der Gestirne immer noch unbekannt. Doch die Vorstellung, dass sie Gottheiten oder andere ominöse Schicksalsverkünder verkörpern, hat sich so sehr etabliert, dass die Menschheit die faktische Erkenntnis gar nicht mehr braucht. Die schnellen, einfachen Erklärungen haben sich in allen Bereichen durchgesetzt, und es wird einer völlig neuen Disziplin mit einem rational strukturierten Denkmuster bedürfen, um die Geheimnisse der Natur zu lüften. Zwei Vorreiter dieser Denkweise leben in einem Dorf namens Miletos am östlichen Ufer des Ionischen Meeres. Der eine heißt Thales. Er ist ein Grübler, der viele Reisen nach Ägypten und ins Zweistromland unternimmt, um neue Erkenntnisse zu gewinnen. Der andere ist sein Schüler. Er heißt Anaximander. Thales geht es nicht anders als seinen Mitmenschen; er sucht nach Erklärungen für die Welt, woher sie kommt, woraus sie besteht und warum sie so ist, wie sie ist. Eine landläufige Erklärung dieser Zeit ist die, dass Gaia, die erste Gottheit, sich aus dem Chaos formt und kurz darauf das Meer erschafft. Danach hebt sie sich aus den Fluten, womit das Land entsteht. Thales nimmt ebenfalls an, dass das Meer zuerst existierte. Die Entstehung des Landes erklärt er jedoch anders. Er beobachtet, wie sich regelmäßig im Nildelta der Schlamm ansammelt, den der Nil aus dem Landesinneren heranschwemmt. Daraus schließt er, dass sich das Land auf ganz ähnliche Weise aus dem Meer herausgehoben haben musste.

Diese Vorstellung, so wissen wir heute, ist ebenfalls falsch. Doch darum geht es nicht. Entscheidend ist hier etwas ganz anderes, etwas Revolutionäres, das hier in Miletos vielleicht zum ersten Mal geschieht: Thales findet Erklärungsansätze, die ohne die Götter auskommen. Statt ihrer setzt er auf natürliche, beobachtbare, verstehbare Vorgänge, um die Welt zu erklären. Anaximander nimmt einen Stab und stößt ihn in den Boden, um seinen Schatten im Verlauf des Tages zu verfolgen. Ein Gegenstand, der für Jahrtausende ausschließlich als Werkzeug oder Waffe Verwendung fand, wird plötzlich zu einem Messgerät, mit dem Anaximander die Zeit misst. Thales und Anaximander begründen eine neue Methode, sich der Wirklichkeit anzunähern. Diese Methode wird sich zu dem entwickeln, was wir heute Wissenschaft nennen. Doch sie wird es schwer haben, die alten, liebgewonnenen Erklärungen aus etlichen Themengebieten als Irrtümer herauszustellen. Sie wird Widerstand und Unterdrückung erfahren, aber auch große Erfolge feiern. Sie wird einen in Qualität und Tempo nie dagewesenen Fortschritt auslösen, doch triumphieren wird sie nie. Sie wird auch in zweieinhalb Jahrtausenden immer noch um die breite Anerkennung kämpfen, da die Menschen nach wie vor schnelle, einfache Erklärungen bevorzugen werden.

Aus diesen Gründen hält sich bis heute die Vorstellung, dass der Lauf der Sterne einen Einfluss auf die Geschicke der Menschen hat. Legen wir wissenschaftliche Maßstäbe zur Überprüfung an, müssen wir feststellen, dass sich dieser Einfluss nicht durch harte Ergebnisse bestätigen lässt. Und doch legen knapp die Hälfte der deutschen Frauen und ein Viertel der Männer die Entscheidungen des alltäglichen Lebens, zumindest manchmal, in die Hände von astrologischen Methoden. So koexistieren Astronomie und Astrologie weiterhin nebeneinander.

Das griechische Alphabet

Nicht jeder kennt es. Daher füge ich es bei, damit Sie wissen, wie die sonderbaren Zeichen ausgesprochen werden, die in aller Regel zum Namen eines Sterns gehören.

Α........α........Alpha	Ι........ι........Iota	Ρ........ρ........Rho
Β........β........Beta	Κ........κ........Kappa	Σ........σ........Sigma
Γ........γ........Gamma	Λ........λ........Lambda	Τ........τ........Tau
Δ........δ........Delta	Μ........μ........My	Υ........υ........Ypsilon
Ε........ε........Epsilon	Ν........ν........Ny	Φ........φ........Phi
Ζ........ζ........Zeta	Ξ........ξ........Xi	Χ........χ........Chi
Η........η........Eta	Ο........ο........Omikron	Ψ........ψ........Psi
Θ........ϑ........Theta	Π........π........Pi	Ω........ω........Omega

Sternbilder und Sternzeichen im Jahreslauf

Sternbilder und Sternzeichen sind am Himmel gegeneinander verschoben. Aufgrund der Präzession schreitet die Verschiebung weiter fort. Aktuell (2022) gelten folgende Daten:

Sternzeichen/Sternbild	**astronomisch**	**astrologisch**
Widder/Aries	19.04. – 14.05.	21.03. – 20.04.
Stier/Taurus	14.05. – 21.06.	21.04. – 20.05.
Zwillinge/Gemini	21.06. – 21.07.	21.05. – 21.06.
Krebs/Cancer	21.07. – 11.08.	22.06. – 22.07.
Löwe/Leo	11.08. – 17.09.	23.07. – 23.08.
Jungfrau/Virgo	17.09. – 31.10.	24.08. – 23.09.
Waage/Libra	31.10. – 23.11.	24.09. – 23.10.
Skorpion/Scorpius	23.11. – 30.11.	24.10. – 22.11.
Schlangenträger/Ophiuchus	30.11. – 18.12.	–
Schütze/Sagittarius	18.12. – 20.01.	23.11. – 21.12.
Steinbock/Capricornus	20.01. – 16.02.	22.12. – 20.01.
Wassermann/Aquarius	16.02. – 12.03.	21.01. – 19.02.
Fische/Pisces	12.03. – 19.04.	20.02. – 20.03.

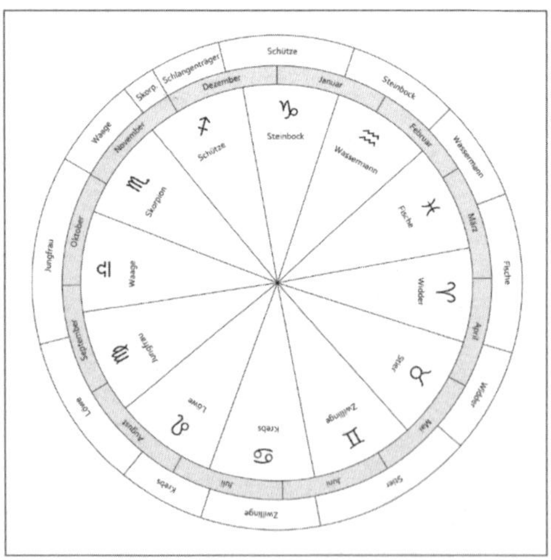

In der Grafik können Sie leicht vergleichen, zu welchen Zeiten Ihr astrologisches Sternzeichen sowie Ihr astronomisches Sternbild von der Sonne durchlaufen werden.